Vom Architektonischen in der Landschaft
RMP Stephan Lenzen
Landschaftsarchitekten

Impressum

Bibliografische Information der Deutschen Nationalbibliothek:

Die Deutsche Nationalbibliothek verzeichnet diese Publikation in der Deutschen Nationalbibliografie; detaillierte bibliografische Daten sind im Internet über http://dnb.d-nb.de abrufbar.

Herausgeber: Edgar Haupt
Layout: Andreas Pellens
Druck: Print Service von Wirth
© 2006: Pellens Verlag, Bonn

Alle Rechte, auch die des auszugsweisen Nachdrucks, der photomechanischen und sonstigen Wiedergabe, der Herstellung von Microfilmen sowie der Übersetzung sind vorbehalten.

Wir haben uns bemüht, alle Copyright-Inhaber zu recherchieren. Copyright-Inhaber, die nicht aufgefunden werden konnten und hier unabsichtlich nicht aufgeführt wurden, wenden sich bitte an den Pellens Verlag, Meckenheimer Allee 158, 53115 Bonn.

Printed in Germany August 2006

ISBN 3-9810534-2-7

Seite	Fotograf
18, 19	Lotte Tiedemann
20, 21, 24	Industriefotograf Alex Keller
22, 23	Renate Braun
25	Stadtarchiv Bonn
27	Ingenieurbüro Aerokart Bonn
35, 51, 52	Archiv van Dorp
36	Otto Schmitt
46	Peter Oszvald
47	Walter Ehmann
48, 49, 50	Bundesamt für Bauwesen und Raumordnung (BBR)
56, 57, 59–62, 65, 68, 69, 86, 87	Foto Balensiefen
58, 63	Foto Sachsse
70, 71	Bundesamt für Bauwesen und Raumordnung (BBR)
76	Zentralverband für Gartenbau e.V.
77–79	Freie und Hansestadt Hamburg Kulturbehörde Staatsarchiv
84, 85	Alexander von Humboldt-Stiftung
89	Architekturbüro Denninger
93	Wohnbau GmbH
94	Otto Schmitt
95	Walter Moog, Luftbild-Reportagen
102, 103	Stadtarchiv Bonn
104, 105	Stadtarchiv und Stadthistorische Bibliothek Bonn, Fotograf: R. Baumann
110–112	Stadtarchiv und Stadthistorische Bibliothek Bonn
121, 129	Henseler
124, 125	Herrmann
128	Westfälische Landesklinik
150, 152	C. R. Montag
158–161	Planergemeinschaft ARGE F
164, 165	RMP + JSK
Alle anderen:	Archiv RMP Landschaftsarchitekten oder unbekannt

Inhalt

		15	**1X11** Aufbau und **Positionierung**	45	**2X11** Aufbau und **Positionierung**	

7   Edgar Haupt
    Vorwort

8   Stephan Lenzen
    Vom Architektonischen in der Landschaft

16 1 Garten im Grugapark
       Essen
18 2 Garten Sandmann
       Bonn
20 3 Wohnsiedlung
       Lotharstraße
       Bonn
22 4 Wohnsiedlung
       Reuterstraße
       Bonn
24 5 Wohnsiedlung
       Kreuzbergweg
       Bonn
26 6 Wohnsiedlung Finkenhof
       Bonn
28 7 Till-Eulenspiegel-Schule
       Bonn
32 8 Pädagogische Hochschule
       Bonn
34 9 Elly-Heuss-Knapp-
       Gymnasium
       Bonn
36 10 Juridicum
       Bonn
38 11 Universitäts- und
       Landesbibliothek
       Bonn

46 12 Wohn- und Bürohaus
       Raderschall
       Bonn
48 13 Palais Beauharnais
       Paris
50 14 Residenz des Deutschen
       Botschafters
       Brüssel
52 15 Königlich Niederländische
       Botschaft
       Bonn
54 16 Frankenbad
       Bonn
58 17 Universitätssportanlage
       Melbtal
       Bonn
62 18 Beethovenhalle
       Bonn
66 19 Rheinufer
       Bonn
68 20 Gartenausstellungen
       Europa
70 21 Deutscher Pavillon,
       Weltausstellung
       Montreal
72 22 Internationale
       Gartenausstellung IGA
       Hamburg

12 Sigurd Trommer
    Dezentrale Konzentration
    Grün- und Freiraum-
    strukturen für Bonn

40 Heinrich Raderschall
    **Der Weg zum
    Gartenarchitekten**
    Teil 1

42 **RMP Landschaftsarchitekten
    in Bonn**

80 Hans-Dieter Collinet
    **Gartenkunst in Nordrhein-
    Westfalen – ein Ausblick**

83		3X11 Ausweitung und Verlagerung	109		4X11 Ausweitung und Verlagerung	137		5X11 Neufindung und Aufbruch

Seite	Nr.	Projekt	Seite	Nr.	Projekt	Seite	Nr.	Projekt
84	23	Alexander von Humboldt-Stiftung, Bonn	110	34	Hofgarten, Bonn	138	45	Dycker Feld, Jüchen
86	24	Friedrich-Ebert-Stiftung, Bonn	112	35	Römerbad, Bonn	142	46	Gärten in Dyck, Jüchen
88	25	Deutsche Siedlungs- und Landesrentenbank, Bonn	114	36	Freizeitpark, Rheinbach	146	47	Platz der Vereinten Nationen, Bonn
90	26	Franz-Haniel-Park, Duisburg	116	37	Kurgarten Wallgraben, Bad Münstereifel	150	48	Zentrale T-Mobile 2, Bonn
92	27	Wohnsiedlung Horchheimer Höhe, Koblenz	118	38	Waldfriedhof Heiderhof, Bonn	154	49	Kindertagesstätte T-Mobile, Bonn
94	28	Wohnbebauung Heiderhof, Bonn	122	39	Kreishaus, Siegburg	156	50	Johann-Gottfried-Herder-Gymnasium, Köln
96	29	Hausgärten BUGA, Bonn	124	40	Staatskanzlei, Potsdam	158	51	Masterplan emscher:zukunft zwischen Dortmund und Dinslaken
98	30	Wohnsiedlung Brüser Berg, Bonn	126	41	Grüne Infrastruktur, Hoyerswerda	162	52	Innenstadtentwicklung, Remscheid
100	31	St.-Apern-Straße, Köln	128	42	Westfälische Klinik, Hemer	164	53	Trajektknoten, Bonn
102	32	Kurfürstenallee, Bad Godesberg	130	43	Städtisches Klinikum, Brandenburg	166	54	IGS Internationale Gartenschau, Hamburg
104	33	Stadtpark, Bad Godesberg	132	44	Großkläranlage Salierweg, Bonn	172	55	2006–

174		5X11 Projekte			
176		Die Inhaber			
178		Zeittafel			

106 Heinrich Raderschall
Der Weg zum Gartenarchitekten
Teil 2

134 Stefan Leppert
Bauen, mit Verstand
Landschaftsarchitektur vor und nach dem Dycker Feld

EDGAR HAUPT HERAUSGEBER

Vorwort

1951 von Heinrich Raderschall gegründet, feiert das Büro RMP Landschaftsarchitekten 2006 sein 55-jähriges Bestehen. In dieser Zeit wurden unter der Leitung von Heinrich Raderschall, Carl Möhrer, Friedrich-Wilhelm Peters und Stephan Lenzen weit über 1.000 Projekte realisiert. Nach dem altersbedingten Ausscheiden von Heinrich Raderschall und Friedrich-Wilhelm Peters sowie dem Tod von Carl Möhrer wird das Büro heute von Stephan Lenzen weitergeführt und weiterentwickelt.

Dieses Buch ist nur bedingt eine Retrospektive, die es auf Grund des umfangreichen Schaffens gar nicht sein kann. Viel mehr geht es darum, an Hand eines roten Fadens und aus bewährten Lösungen Perspektiven für eine natur- und menschengerechte Gestaltung unserer Lebensräume aufzuzeigen.

Das Wirken von RMP Landschaftsarchitekten ist geprägt von einer planerischen Haltung, die aus der Sicht des heutigen Inhabers und des Herausgebers in der Formel „vom Architektonischen in der Landschaft" prägnant Ausdruck findet. Kern ist die Lebendigkeit der Dualität: das Ordnende des Gestalterischen und das Freie des Organischen.

„5X11" fungiert dabei als Synonym für das Jubiläum wie auch den damit verbundenen Zeitpunkt für die Betrachtung des büroeigenen Wirkens – mit dem Blick von heute in die Vergangenheit und in die Zukunft. Wir haben folglich aus 5X11 Jahren 5X11 Projekte ausgewählt, die in drei Phasen dargestellt werden:

- den ersten 20 Jahren, stark geprägt vom „Gartenarchitekt" Heinrich Raderschall,
- den mittleren 30 Jahren mit den drei Partnern als „RMP Raderschall, Möhrer, Peters Landschaftsarchitekten" und
- schließlich der aktuellen Phase unter der Führung von Stephan Lenzen als „RMP Stephan Lenzen Landschaftsarchitekten".

Innerhalb der Phasen sind die Projekte zugunsten der besseren Lesbarkeit thematisch einander zugeordnet. Die Reihenfolge ist daher nicht streng chronologisch. Auszüge aus einem Manuskript von Heinrich Raderschall beleuchten auf persönliche Art wichtige Ereignisse in der Entwicklung des Büros.

Landschaftsarchitektur und Landschaftsplanung sind von Anfang an sich ergänzende Tätigkeitsbereiche von RMP Landschaftsarchitekten. Die ordnenden und rechtlichen Aufgaben der Landschaftsplanung bleiben am Objekt meist unsichtbar. Und so ist es auch hier: auf Grund der Komplexität verzichten wir auf eine Darstellung.

Auch angesichts der notwendigen Reduktion ist das Buch eine Würdigung des ambitionierten Schaffens der Inhaber sowie der zahlreichen Mitarbeiter. Und so sind hier ebenfalls die „Meilensteine" der Bürogeschichte aufgeführt. Diese folgen durchaus nicht immer und konsequent der beschriebenen Haltung. So gab es auch Zeiten der Ausweitung und Auslagerung, der Neufindung und Konzentration, die ja das Zusammenwirken unterschiedlicher Akteure kennzeichnen. Haltung zeigt sich zudem gerade in der Ausnahme. Schließlich bestimmen zu guter Recht die Aufgaben und Auftraggeber genauso wie die Planer die jeweils erforderlichen Qualitäten der Arbeit.

Ein besonderer Dank gilt Ministerialdirigent Hans-Dieter Collinet, Stefan Leppert und Stadtbaurat Sigurd Trommer, die seit Jahren eng das Wirken von RMP Landschaftsarchitekten verfolgen, für ihre Beiträge zu diesem Buch.

STEPHAN LENZEN INHABER RMP STEPHAN LENZEN LANDSCHAFTSARCHITEKTEN

Vom Architektonischen in der Landschaft

Was zählt, ist das Ergebnis: dass Menschen sich in unseren Landschaftsarchitekturen wohlfühlen und dass die funktionalen Anforderungen unserer Auftraggeber erfüllt sind. Die Qualitäten unserer Ergebnisse werden bestimmt von einer reflektierenden planerischen Haltung. Diese zu kennen und kognitiv zu verstehen, ist für den Nutzer nicht unbedingt erforderlich – er kann diese ja sehen, fühlen, riechen und begreifen. Doch weitet das Verständnis den Blick und öffnet den Weg zu tieferem Erleben.

Als Landschaftsarchitekten berühren und bewegen wir mit unseren Werken die Menschen. Wir „spielen" mit den Sehnsüchten nach Natur und Landschaftserlebnis, mit der Intention nach Ruhe, einer Reduktion der Eindrücke und Schönheit. Diese emotionale Wahrnehmung eröffnet uns den Freiraum für kreatives Schaffen in und mit der Natur sowie für das kalkulierte künstlerische Verlassen und Verändern des Natürlichen. Diese Freiheit ist jedoch kein Selbstzweck. Durch Haltung übernehmen wir Verantwortung und Gewährleistung: für das Spielerische, Schöne und Faszinierende im Rahmen von Funktionalität und Wirtschaftlichkeit, Nutzen und Dauerhaftigkeit. Mit Kreativität und Können gestalten wir so Lebensräume.

Ohne Licht kein Schatten, und umgekehrt: ohne Dunkelheit kein Licht. Aus jeder Dualität oder Gegensätzlichkeit entsteht Spannung, Bewegung, ja Lebendigkeit. Voraussetzung dafür ist das Reine, Unverfälschte und Einfache der jeweiligen Polaritäten. Nur so sind diese im Einzelnen wie im Zusammenspiel erkennbar und erfahrbar, also wirksam. Dieses Prinzip ist Grundlage für die Gestaltung unserer Landschaften, ob Park, städtischer Freiraum oder Garten. Mit wenigen, durchaus konträren, in jedem Fall eigenständigen Formen und Materialitäten (Materialien und deren Eigenschaften), bewirken wir Aufenthaltsqualitäten und Raumerlebnisse. Wir nutzen dafür solche Formen und Materialitäten, die sich klar unterscheiden und ergänzen, sich multiplizieren und doch stets ein homogenes Ganzes bilden. So erreichen wir Identität und eben jene Dualitäten, die die Wahrnehmung der Menschen anregen, Lebendigkeit und Schönheit initiieren. Die Methodik dazu basiert auf den Elementen System, Serie, Struktur, Reihe und Monochromie – dem Mit- oder Gegeneinander von Individuum und Masse.

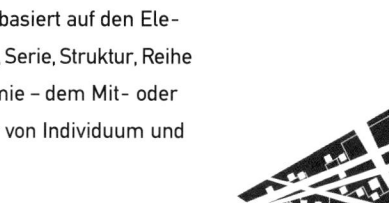

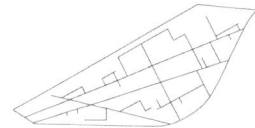

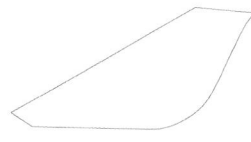

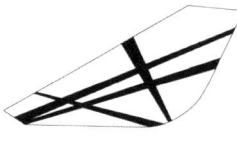

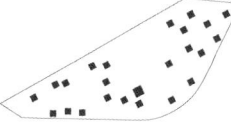

Beispiel Dycker Feld, Kreis Neuss. Auf einem Feld haben wir einen neuen Landschaftspark geschaffen, und zwar wieder als Feld. Der großflächige Anbau von Miscanthus (Chinaschilf), kombiniert mit integrierten und temporären Gärten, ist eine neue Interpretation der ursprünglichen Nutzung und eine zeitgemäße Parklandschaft zugleich. In der vielfältigen Überlagerung von Grüntönen, im Zusammenspiel von Dichte und Weite, zwischen Irritation und Anschaulichkeit sind künstlerische und doch natürliche Erlebnisräume entstanden – im Wesentlichen mit den Qualitäten und der Präsenz einer einzigen Pflanze.

> Die emotionale Wahrnehmung eröffnet uns den Freiraum für kreatives Schaffen in und mit der Natur

Pflanzen sind das zentrale Instrument unseres Wirkens. Wir setzen diese oft (ein wenig) anders ein, als man es üblicherweise kennt. Über die Stärkung des Vorhandenen und den gezielten Einsatz von Neuem schaffen wir Aufmerksamkeit und Vergegenwärtigung, Orientierung und Raumerlebnis. Das Architektonische dient dabei der Ordnung der aus der Pflanze hervorgehenden und sich immer wieder verändernden Wildheit. Aus dieser Dualität generieren wir die Kompositionen unserer Arbeiten. Im Zyklus der Jahreszeiten erreichen wir so die Erfahrbarkeit von Zeit: Wachstum, Reife, Vergehen und Neubeginn. Form und Materialität sind dabei kaum voneinander zu trennen. Form beziehungsweise Architektur entsteht aus Geometrie, Modulation und Setzung, dem Einsatz vom Stufen, Mauern, Plateaus, Einfassungen, Wegen, Plätzen, Bänken und Skulpturen – und eben durch die Wahl der Pflanzen, die Art und Proportionen der Anpflanzung, nicht zuletzt deren Pflege.

Beispiel Platz der Vereinten Nationen, Bonn. Der Ort ist nicht nur Ab- und Auffahrt zur Konrad-Adenauer-Brücke, sondern in erster Linie ein wichtiges Entree zu einem bedeutenden UN-Standort. Diese Gegensätzlichkeit verlangt eine intellektuelle wie landschaftsgestalterische Neuinterpretation der Platzgestaltung. Beim Durchfahren ist der weitläufige Ort als ein einzigartiger und zusammenhängender Raum mit besonderer Bedeutung (Identität) erfahrbar. Dies erreichen wir durch die horizontal geprägte topografische Modulierung, die Monochromie der Bepflanzung und einen vertikalen Fahnenvorhang.

Beispiel T-Mobile-Stadt, Bonn. Funktionalität und Ökologie sind hier die landschaftsarchitektonischen Polaritäten. Die Gestaltung der Grünräume erfüllt alle technischen Parameter, wie zum Beispiel die freie Feuerwehrzufahrt. Zugleich erscheint der Gebäudekomplex wie selbstverständlich in eine „wilde" Umgebung aus Gräsern, Bäumen und Wasserflächen integriert. Die hier arbeitenden Menschen erfahren Grün nicht als Kulisse, sondern als eine die Sinne anregende Natürlichkeit.

Man kann viel über seine Gedanken und die Ansprüche an eine Landschaftsarchitektur schreiben, über Poesie, Wahrheit und Schönheit, doch gehören auch Zufall, Glück und Spontanität zum Entwurf und dessen Gelingen. Für mich bleibt das Schöne immer unergründlich. So wie Theodor W. Adorno in den Windstücken von Paul Valery den folgenden Satz den charakteristischen nennt: „Das Schöne erfordert vielleicht die sklavische Nachahmung dessen, was in den Dingen unbestimmbar ist."

Landschaftsarchitektur ist bei aller Inspiration und emotionaler Wirkung jedoch keine Kunst. Sie ist vielmehr eine kreative Ingenieurleistung verbunden mit gärtnerischem Handwerk. Entwerfen und Gestalten verlangt einen intuitiven und geübten Umgang mit Architektur und Pflanzen. Wir ordnen und initiieren, wir schaffen Identitäten und Möglichkeiten. Gleichzeitig

Vom Architektonischen in der Landschaft

setzen wir unsere Erfahrung, unser Wissen und Können ein, um die Anforderungen von Auftraggebern und Nutzern sowie private und öffentliche Belange konsequent zu erfüllen.

Dafür ist es notwendig, Landschaftsarchitektur und Landschaftsplanung als Ganzes zu begreifen. Alle Planungsebenen müssen berücksich-

Es ist notwendig, Landschaftsarchitektur und Landschaftsplanung als Ganzes zu begreifen

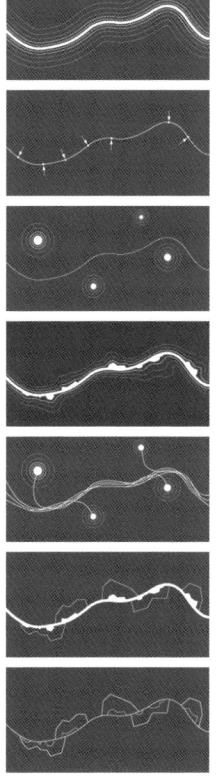

tigt, evaluiert und bearbeitet werden. Das reicht von raumgreifenden Konzepten und Machbarkeitsstudien für Großprojekte bis zu Details der naturschutzrechtlichen Eingriffsregelung. In Umweltverträglichkeitsstudien, landschaftspflegerischen Begleitplänen und Ausführungsplanungen müssen Baumaßnahmen auf ihre Umweltverträglichkeit geprüft und geeignete Maßnahmen zum Schutz und zur Entwicklung von Naturhaushalt und Landschaftsbild formuliert werden. Die sorgfältige Erfassung der natürlichen Gegebenheiten, der planungsrechtlichen Vorgaben und der konkreten Entwicklungsziele sowie interdisziplinäres Arbeiten bilden dabei ebenso die Basis für qualitätsvolle Ergebnisse wie die Moderation der Planungsprozesse.

Beispiel Masterplan emscher:zukunft, Ruhrgebiet. In einer Planergemeinschaft mit Ökologen, Stadtplanern, Architekten und Wasserbauingenieuren sind wir daran beteiligt, durch die Renaturierung des Flusslaufes dem Ruhrgebiet einen über 60 Kilometer langen, von Ost nach West durchgängigen, Freiraum zurückzugeben. Dieser Raum soll als Naherholungsgebiet erlebt werden und unter Wahrung der vorhandenen Ästhetik neue Identifikation schaffen. Schließlich erfüllt er auch Verlinkungs- und Vernetzungsfunktionen. Die Aufwertung der Emscher wirkt sich so auf das nahe und weitere Umfeld aus. Dies erreichen wir durch die Weiterführung des vorhandenen Wegenetzes und das Einflechten von Freizeitstrukturen, die Ausbildung besonderer Orte und die Einbindung von Attraktoren sowie das Aufweiten des Flussgebietes zu Landschafts- und Siedlungsbuchten.

In einem Inhalts- und Formenkatalog vereinen wir die unterschiedlichen Ansprüche eines zeitgemäßen öffentlichen (Grün-) Raumes, entstanden aus der Vision des IBA Emscher Landschaftsparks: von der Ökologie über die Entwicklung städtischer und ländlicher Naturzonen und Freiräume bis zur Pflege des Landschaftsparks als nachhaltiges Kulturgut.

Natur und Landschaft sind weitgehend vom Menschen geformte Lebensräume, für deren Erhalt und Wachstum wir als Planer große Verantwortung tragen. In diesem Kontext sehe ich mich als Verwalter und Entwickler eines über Jahrzehnte aufgebauten Erbes im Büro RMP Landschaftsarchitekten. Die Zukunft unseres Unternehmens, und damit auch die Qualität unseres Wirkens, basiert auf dem Respekt vor dem Geschaffenen wie auf dem Experiment, immer wieder Neues zu finden und Erneuerung zu fördern. In der Gewissheit, dass die langjährige Erfahrung stets gute und funktionierende Ergebnisse gewährt und zugleich auch Überraschendes ermöglicht.

SIGURD TROMMER STADTBAURAT DER BUNDESSTADT BONN

Dezentrale Konzentration
Grün- und Freiraumstrukturen für Bonn

Nach sechzehn Jahren Tätigkeit als Stadtbaurat in Bonn, erlaube ich mir einen persönlichen Blick auf zentrale Entwicklungen in der Grün- und Freiraumplanung von Stadt und Region.

Als Entscheidungsträger ist dieser Blick in erster Linie auf das heute und das morgen gerichtet. Um verantwortlich zu handeln, gilt es jedoch

Grün- und Freiraumplanung gleichberechtigt zur baulichen Planung ist der Schlüssel für eine gelingende Stadtzukunft

auch Stadtentwicklung aus der Geschichte heraus zu sehen und den gewachsenen Kontext zu achten.

Gerade in Bonn ist das Bewusstsein und der Anspruch an Grün- und Freiräume sehr hoch. Schon seit 135 Jahren engagieren sich Bürger Bonns und der Region für das Siebengebirge. Ein Naturraum, dessen romantisches Landschaftsbild im 19. Jahrhundert Künstler, Bürgertum und Regenten inspirierte. Großzügige Parkanlagen, Alleen und Schlösser der Kurfürsten prägen noch heute das Stadtbild und vor allem die hiesige Lebensqualität. Diese ist in unserer Zeit zu einem wichtigen weichen Standortfaktor im Wettbewerb um die Ansiedlung von Wirtschaftsunternehmen und internationalen Institutionen geworden.

Meine Geschichte in und für Bonn beginnt mit der bundesdeutschen Wende. Seit Oktober 1990 im Amt, galt es für mich schon bald, wichtige Weichen für die Zukunft der Stadt zu stellen. In der Erwartung, dass mit der Bonn-Berlin-Entscheidung des Deutschen Bundestages am 20. Juni 1991 in jedem Fall neue Wege zu gehen seien, hatte ich für „den Tag danach" die Kollegen aus dem Rhein-Sieg-Kreis und dem Kreis Ahrweiler sowie eine Expertenrunde zu einem Strategietreffen geladen. Ergebnis war nach schließlich drei Wochen intensiver Beratung das „Fünf-Säulen-Modell" – ein bis heute geltendes Leitbild für die Entwicklung von Stadt und Region. Eine der Säulen ist die umweltgerechte Städtelandschaft und Kulturregion.

Das strategische Leitbild wurde durch ein räumliches Leitbild ergänzt: das der dezentralen Konzentration in der Region und auch innerhalb größerer Städte. Damit fördern wir ausdrücklich ein positives Patchwork aus Ober-, Mittel- und Unterzentren, mit Siedlungszuordnungen und Infrastruktureinrichtungen, die den Teilen wie dem Ganzen gerecht werden. Ideelle Grundlage ist eine nachträgliche Sinngebung durch Sichtung und Neuinterpretation des Vorhandenen sowie gezielte Ergänzungen. Um heute das frühere planerische Wirken erfolgreich weiterzuführen, brauchen wir einen Metaphernwechsel. Also Bilder, die wir quasi wie eine Monstranz vor uns her tragen und die uns bei den notwendigen wie den gewünschten Entwicklungen zu einem neuen Bonn leiten.

Im Rahmen der dezentralen Konzentration gibt es in Bonn drei zentrale Schwerpunkte entlang des Rheins:

- den Süden rund um die Rheinaue,
- den Norden und
- die Innenstadt.

Gerade der Rheinauenpark ist ein sehr markantes Beispiel für die praktische Umsetzung unserer Leitideen. Die wunderschöne Landschaft zwischen Bad Godesberg, Beuel und Südstadt hat sich über Jahrzehnte als vielseitig genutzter Volkspark etabliert. Heute ist dieser umgeben von 40.000 Arbeitsplätzen. Da liegt die Metapher des „Centralpark" sehr nah: ein großzügiger Grünraum umgeben von baulichen Fassaden und Kanten.

Hier ist im Laufe der Jahre eine zweite, moderne Stadtmitte entstanden – eben ein wachsender Pol der dezentralen Konzentration.

Der Rheinauenpark schafft außerdem ein Pendant zur durchschneidenden Autobahnbrücke mit ihren mächtigen Widerlagern. Die großen Verkehrsflächen erhalten durch den Park einen stadtverträglichen Maßstab. Dazu trägt seit kurzem auch der benachbarte Platz der Vereinten Nationen bei. Die hier positionierten Auf- und Abfahrten der Brücke werden über eine modulierte Stadt-Landschaft, das anspruchsvolle Beleuchtungskonzept und die Fahnenwände als moderne Intarsie in die Stadtstrukturen eingebunden. Und auch der Rand wird, vergleichbar mit der Metapher „Centralpark", nach und nach durch Bebauungen städtisch gefasst. Mit dem Hotel Maritim, dem Bürogebäude der Telekom und dem Landesbehördenhaus, das vermutlich bald einem Neubau weichen könnte, sind schon grundlegende Bausteine dafür gesetzt.

Paradoxerweise ist es besonders in den Jahren nach dem Bonn-Berlin-Beschluss gelungen, an den Rändern der links- und rechtsrheinischen Rheinaue kraftvolle urbane Strukturen zu entwickeln, vom Forschungsinstitut Caesar bis zum Post Tower, von T-Mobile bis zur ehemaligen Zementfabrik. Wir haben somit eine stadt- und landschaftsräumliche Brücke über den Rhein geschlagen.

Ähnliches steht im Bonner Norden bevor. Im Rahmen der REGIONALE 2010 wird hier eine alte Idee Wirklichkeit. Schon Anfang der 1990er Jahre sollte eine Landschaftsbrücke zwischen Kottenforst und Siegmündung geschaffen werden. Damit wird ein klarer Siedlungsabschluss von Bonn und den zahlreichen umliegenden Orten definiert. Zugleich wird die Region über einen durchgehenden Natur- und Erholungsraum noch näher zusammenrücken.

Das räumliche Leitbild der dezentralen Konzentration lässt sich auch innerhalb Bonns anwenden. Wir haben hier als Pole die starke Altstadt und die gut erhaltenen Gründerzeitquartiere – ein behüteter Kern, dem wir direkt nebenan im Bundesviertel offene Räume für die Moderne gegenüberstellen. Zwischen diesen bis Ende des 19. Jahrhunderts entstandenen Quartieren und den besonders in den letzten 50 Jahren gebauten Strukturen des Bundesviertels – sozusagen eine „Bonner Neustadt" – besteht eine wunderbare Verknüpfung, die als „Band der Demokratie" strukturbildend wirkt:

Museum Koenig (Beschluss Grundgesetz), Villa Hammerschmidt (Bundespräsident), Palais Schaumburg (Bundeskanzler), Bundesrat und Bundestag (heute Kongresszentrum), Abgeordnetenhochhaus (heute UNO), Schürmannbau (Rundfunk Deutsche Welle) und als Abschluss ein Zukunftssymbol der Wirtschaft: der Post Tower.

Dieses Band der Demokratie mit dem Rheinufer von der Beethovenhalle aus nach Süden ist ein wahrer struktureller Schatz. Doch der Schatz hat ein Problem: Er spaltet sich auf in drei Stränge, deren durchaus vorhandene Verknüpfungen kaum wahrgenommen werden: Innenstadt und Südstadt im Westen, Bundesstraße 9 bis Ufermauer in der Mitte und Uferpromenade mit Rhein im Osten. Ziel ist daher, eine attraktive Durchlässigkeit dazwischen herzustellen.

Ebenfalls im Rahmen der REGIONALE verfolgen wir hier eine Art internen Brückenschlag. Mit dem Titel „Stadt zum Rhein" erhalten in den nächsten Jahren die öffentlichen Räume eine neue Wertigkeit. Mittels Konkurrenzverfahren werden wir Freiraumplanern, Städtebauern, Architekten und Künstlern Chancen eröffnen, kluge Ideen einzubringen und zu realisieren.

Anspruchsvolle Stadtentwicklung, mit Grün- und Freiraumplanung gleichberechtigt zur baulichen Planung, ist für mich der Schlüssel für eine gelingende Stadtzukunft. Im Zeitalter des globalen Zusammenwirkens können sich gut ausgebildete Menschen sowie starke Firmen und Institutionen jederzeit ihre Stadt weltweit aussuchen. Sie werden nach Qualität entscheiden. Bonn und seine Region sind gut aufgestellt. Weit vorausschauend und vorausplanend müssen zukunftsfähige Wege heute begangen werden. Das erfordert Kompetenz und Intuition.

Aufbau und Positionierung

Das zentrale Thema in der ersten Phase der Bürogeschichte ist der allgegenwärtige Aufbau: dem des Landes nach dem Krieg, dem des Büros und dem der eigenen Formensprache. Zu dieser Zeit standen Grün- und Freiraumgestaltungen von Hausgärten, Wohnsiedlungen und Schulen im Mittelpunkt. Heinrich Raderschall wirkt dabei überwiegend am Sitz seines Büros: in Bonn. Gemäß des großen Bedarfs und der wenigen Mittel sind die Arbeiten geprägt von Reduktion und Einfachheit. Nach und nach zeichnet sich eine planerische Handschrift ab: in den konsequenten Geometrien sowie im dualistischen Zusammenspiel des Architektonischen mit der organischen Kraft der (oft auch einzelnen) Pflanze.

1951

Garten im Grugapark Essen

Am Anfang steht eine klassische Gärtnerarbeit für den zu dieser Zeit bedeutendsten Park in Nordrhein-Westfalen.

1951

Garten Sandmann Bonn

Im anspruchsvollen Umgang mit Flächen, Kanten und Fassungen zeigt sich erstmals ausgeprägt die Raderschall'sche Handschrift.

1952

Wohnsiedlung Lotharstraße Bonn

Weite und Fläche im Öffentlichen sowie Differenziertheit im Privaten kennzeichnen die Einfachheit der frühen Jahre.

1954

Wohnsiedlung Reuterstraße Bonn

Ein parkartiger Freiraum schafft Großzügigkeit mit wenigen Mitteln –
eine Zusammenarbeit mit Prof. Max Taut.

23 1X11

1952-1956

Wohnsiedlung Kreuzbergweg Bonn

Stadtbegrünung und privates Wohnen, Baumbestand und moderne geometrische Erschließung – so entsteht urbaner Lebensraum.

1958
Wohnsiedlung Finkenhof Bonn

Starke Geometrie im Kontrast zur Großstruktur der Siedlung schafft eigenständige Funktionsräume in der Landschaft.

1958
Till-Eulenspiegel-Schule Bonn

Ausformulierung der persönlichen Formensprache: Intarsienspiel innerhalb der rechtwinkligen Fläche, vertikal verstärkt durch Solitärpflanzen und Bänke.

1960
Pädagogische Hochschule Bonn

Inmitten indifferenten Grüns entsteht durch feingliedrige Flächen, Befestigungen und Überlagerungen bewusst gestaltete Struktur.

1958

Elly-Heuss-Knapp-Gymnasium Bonn

Aus den typisch Raderschall'schen Mauerscheiben, Stufen und Vorsprünge
entsteht eine spannungsvolle, das Gebäude tragende, Topografie.

35

1967

Juridicum Bonn

Sich überlagernde Ebenen aus Vegetation und architektonischen Interventionen bilden eine künstlerische, den Innenhof belebende Gestaltung.

37 IX11

1962

Universitäts- und Landesbibliothek Bonn

Stufen, Natursteinplatten und Rasen bilden eine natürliche Bühne für das bedeutende Gebäude.

UNIVERSITÄTS-BIBLIOTHEK BONN

HEINRICH RADERSCHALL GARTENARCHITEKT

Der Weg zum Gartenarchitekten Teil 1

Auszüge aus einem Manuskript von Heinrich Raderschall, Dezember 2000

Eröffnung der BUGA 1957 in Köln. V.l.n.r.: Bundespräsident Heuss, Bürgermeister Burauen und Heinrich Raderschall

In Fachzeitschriften suchte die Stadt Bonn einen Grünplaner für den Aufbau der Stadt. Ich bewarb mich, stellte mich am 7. Februar 1948 bei dem damaligen Beigeordneten Marx vor und wurde zum 1. Mai 1948 als Leiter der Entwurfsabteilung beim städtischen Gartenamt eingestellt. Am selben Abend lernte ich auf einem privaten Karnevalsfest meine Frau kennen. Anfang Mai fand ich meinen Arbeitsplatz im Stadthaus am Bottlerplatz. Das Anfangsgehalt betrug etwa 650 DM. Es war für mich sehr schön, in meiner Schulstadt arbeiten und bei meinen Eltern in Oberkassel wohnen zu können.

Mit Elan ging ich an meine Aufgaben ... Eng war die Abstimmung mit dem Leiter des Uni-Bauamtes, Herrn Gelderblom. So ließ er mir freie Hand bei der Instandsetzung des Alten Zoll, wo ich für die Stadt den Stadtgarten plante und anlegte ... Aber die Zusammenarbeit im Gartenamt war unerfreulich. Bei den alten Kollegen fand ich wenig Hilfe und Unterstützung, eher behinderte man meine vorwärts drängenden Planungen und Arbeiten. Deshalb kündigte ich bei der Stadt Bonn nach drei Jahren und ließ mich am 1. Juli 1951 in Bonn als „Freier Gartenarchitekt" nieder.

Mit den städtischen Bauämtern hatte ich sehr gut zusammen gearbeitet und die guten Kontakte blieben erhalten. Das war für mich sehr wichtig. So erhielt ich auch wegen der Unbeweglichkeit des Gartenamtes die ersten Aufträge für neue Schulen und andere Anlagen. Doch der Anfang war schwer und niemand konnte verstehen, dass ich meinen sicheren Arbeitsplatz – mit der Aussicht, Leiter des Amtes zu werden – verlassen hatte ...

Im Anfangsstadium wurde ein Wohnzimmer als Büro eingerichtet, meine Frau wurde Sekretärin und Buchhalterin. Ich suchte die Bonner Architekten-Kollegen auf, bot mich als Wettbewerbspartner an und hatte Erfolg ... Es gelang mir, Fuß zu fassen bei den beginnenden Bauten von Wohnsiedlungen. Zuerst Reuterstraße mit 500 Wohneinheiten in Abschnitten mit Prof. Max Taut. Hier bekam ich Verbindung zum Direktor der Rheinischen Heimstätte, Dr. Jessen in Düsseldorf. Die Rheinische Heimstädte baute bald für englische Besatzer Siedlungen für Offiziere und Unteroffiziere in Geilenkirchen, Wildenrath, in der Nähe von Mönchengladbach und Düsseldorf. Mir wurden über Jahre hinweg Planung und Bauleitung der Grünanlagen übertragen, jedoch zu einem Spotthonorar von 2,5%. Das war nur möglich, da die Zusammenarbeit mit der Rheinischen Heimstätte völlig unbürokratisch war ...

Der Zentralverband Gartenbau war in Bonn ansässig und auf mich aufmerksam geworden. 1954 fragte man mich, ob ich eine kleine Ausstellung für den deutschen Gartenbau in Mailand planen und im Aufbau überwachen wolle – viel Geld stünde nicht zur Verfügung. Ich sagte zu, fuhr zur Vorklärung der Probleme hinaus, plante und baute mit Studenten in wenigen Tagen und Nächten eine kleine Ausstellung deutscher Gartenbauerzeugnisse auf ... Es folgten von 1956 bis 1965 Ausstellungen in London, Gent, Nantes und Turin, jeweils mit gutem Erfolg. Damals standen noch sehr wenig Mittel zur Verfügung. Es musste improvisiert werden. Zum Aufbau kamen immer die gleichen Studenten der gärtnerischen Fachbereiche mit, für ein geringes Entgelt, aber mit Interesse und großer Einsatzbereitschaft. Für mich blieben im Wesentlichen Erfolg, Preise und Medaillen und die so spannende Arbeit in anderen Ländern ...

1957 fand die BUGA in Köln statt. Unser Büro plante die Eröffnung und eine Lehrschau auf der damals neuen Verbindungsbrücke zu den neuen Messehallen. Bundespräsident Theodor Heuss eröffnete die Ausstellung ... Ich durfte führen und anschließend an einem kleinen Empfang mit Bundespräsident Heuss, Bürgermeister Theo Burauen, Stadtdirektor Max Adenauer, Kurt Schönbohm, dem Planer der Gartenschau, und dem 90-jährigen Ehrengast Karl Förster, dem großen alten Gärtner und Staudenzüchter aus Potsdam-Bornim teilnehmen ...

1957 planten wir die Außenanlagen der großen Siedlung Finkenhof. Der planende Architekt Prof. Selg hatte sein Büro in der Langenbachstraße. Ich sah neben seinem Hause in der Böschung zum alten Trajekt – der Fahrbereitschaft des Bundes – eine schmale lange Baulücke. Der Stadtplaner Schubert meinte, „die kann man nicht bebauen, aber ich würde begrüßen, wenn der Straßenraum dort geschlossen würde. Versuchen Sie es". Ich erwarb die 50 m lange Parzelle von etwa 800 m². Architekt Ernst van Dorp plante den Bau, und wir zogen mit dem Büro Ende 1958 ein. Dort hatten wir zum ersten Mal ideale Arbeitsverhältnisse ...

1963 errangen wir – bei ca. 60 internationalen Teilnehmern – mit nur einer Stimme weniger den 2. Preis des großen Wettbewerbes der IGA Hamburg nach dem Kollegen Schulze. Das war dann sieben Jahre nach Bürogründung der Durchbruch über Bonn hinaus ... Es gelang mir, den damals noch jungen Frei Otto, Assistent an der TH Berlin, für die Planung seiner beschwingten leichten Zeltbauten auf dem Heilig-Geist-Feld (Marokko Chalet) zu gewinnen. Bei der Eröffnung 1963 konnten wir dann Bundespräsident Heinrich Lübke mit Frau Wilhelmine durch unsere Ausstellung führen ...

Durch die Bauvorhaben der Bundesbaudirektion bekam ich direkten Kontakt zu dem damaligen Präsidenten. Im Sommer 1965 schrieb uns dieser an den Campingplatz in Cala Gogo in Spanien: „Wir brauchen einen Planer für die Außenanlagen des Deutschen Pavillons auf der Weltausstellung in Montreal. Postkarte mit Ihrer Zustimmung genügt". Ich ging zu Gisela und den Kindern an den Strand und fragte: „Gisela, kommst Du im Herbst mit nach Kanada? Ich brauche einen Dolmetscher."

Wir flogen im September 1965, sahen uns die Baustelle an, informierten uns bei dem örtlichen Vertreter der Bundesbaudirektion, Herrn Galandti, flogen nach Toronto in eine große Baumschule, suchten dort gleich große Bäume aus und stimmten das Erforderliche ab, denn im Norden von Montreal gab es keine Baumschulen. Der Leiter der Baumschule, ein Deutscher aus der Eifel, hatte lange Jahre in einer Baumschule in Bad Godesberg gearbeitet, so dass es keine Probleme gab. Wir flogen zurück über New York, um die dort laufende Weltausstellung zu besichtigen. Ich flog dann noch drei Mal rüber, traf Prof. Frei Otto wieder, welcher mit Prof. Rolf Gutbrod das große Ausstellungszelt plante. Unsere Arbeit wurde Dank der großen Bäume und tausender Blumenzwiebeln, welche ich in einer dortigen Gärtnerei in Kästen vortreiben ließ, ein guter Erfolg. Grün und Blüten drangen von außen unter das zum Teil offene Zelt und sprangen hinüber auf eine kleine Insel, da die Anlage unmittelbar an einem Binnensee auf einer Insel im St.-Lorenz-Strom lag.

Das Büro war inzwischen angewachsen auf 12 bis 18 Mitarbeiter ... Carl Möhrer und Friedrich-Wilhelm Peters bot ich 1968 eine Partnerschaft zur Probe auf drei Jahre bis zur Entscheidung an. Wir schlossen dann einen Vertrag und blieben zusammen ...

1951-2006

RMP Landschaftsarchitekten in Bonn

Seit 55 Jahren planen und bauen RMP Landschaftsarchitekten für und in Bonn. Vom Aufbau nach dem Krieg bis heute hat das Büro in dieser Zeit wesentlich an der Gestaltung der Stadt teilhaben können. Dieser Grünplan enthält über 300 Projekte, kleine und große, ausgeführte und noch in Planung befindliche, alle auf ihre Art für ihre Nutzer und die Entwicklung des Büros wichtig.

Der Rheinauenpark wurde seinerzeit von einer Planergemeinschaft, zu der auch Heinrich Raderschall gehörte, entworfen. Die ausführende Planung stammt von Kollegen (hellgrüne Flächen). RMP Landschaftsarchitekten haben innerhalb der Bundesgartenschau Mustergärten verwirklicht.

43 5X11

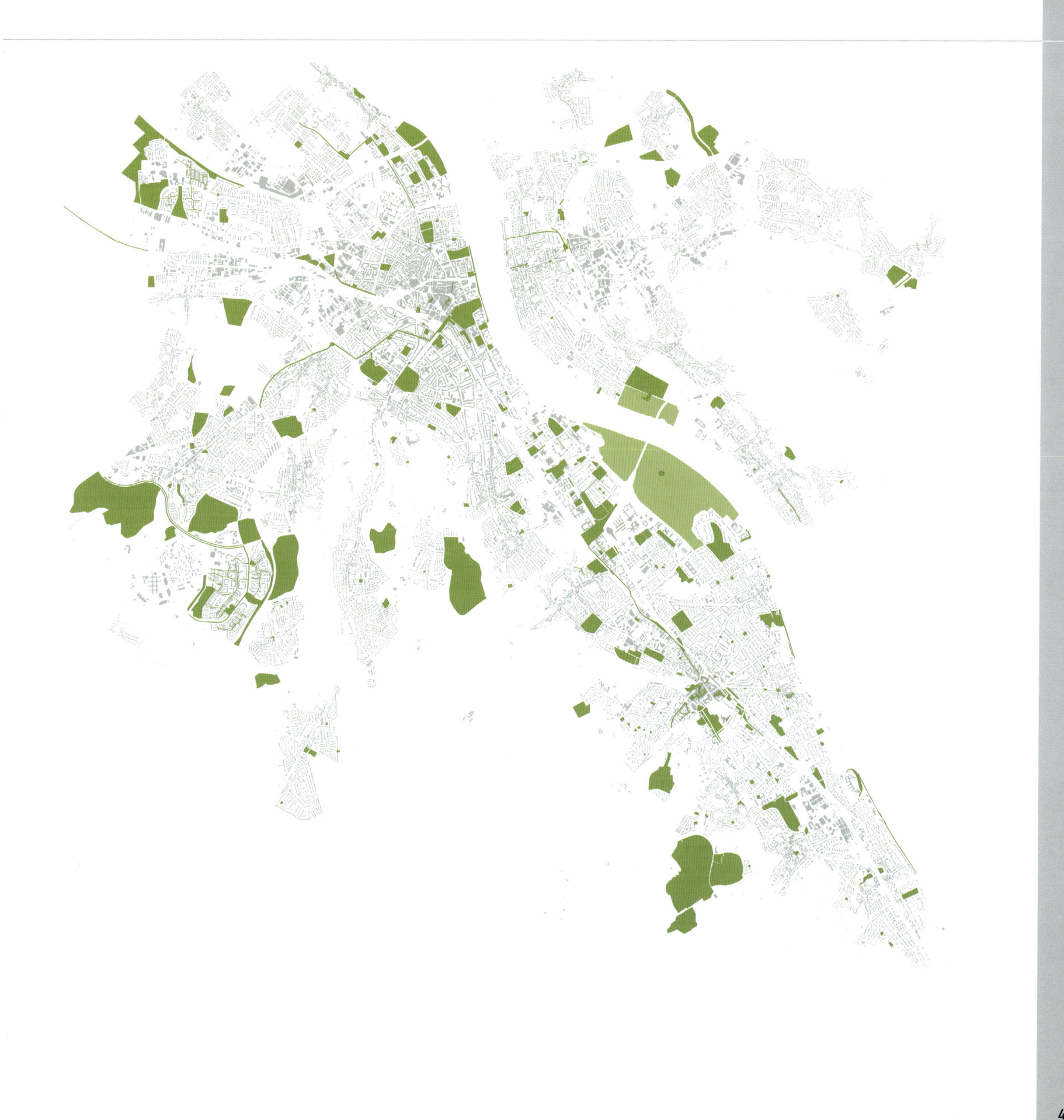

Aufbau und **Positionierung**

Bald etabliert sich das Büro über Bonn hinaus. Mit anspruchsvolleren Gebäudearchitekturen der öffentlichen Hand sowie mittlerweile auch privater Auftraggeber wachsen die Anforderungen an die Landschaftsarchitektur. Anlässlich zahlreicher Gartenausstellungen beginnt „eine Reise in die Welt". Heinrich Raderschall hat über Jahre seine Qualitäten beweisen können und versteht es sehr wohl, den gestiegenen Ansprüchen gerecht zu sein. Seine Formensprache ist gereift und deutlich erkennbar. Allerdings wird diese nicht dogmatisch angewendet. Abhängig von den Aufgaben, zeigt sich immer wieder ein angemessener Pragmatismus.

1959

Wohn- und Bürohaus Raderschall Bonn

Durchlaufende horizontale Stapelungen und vertikale Pflanzungen sorgen für harmonische Gleichwertigkeit von Garten und Gebäude auf kleinstem Raum.

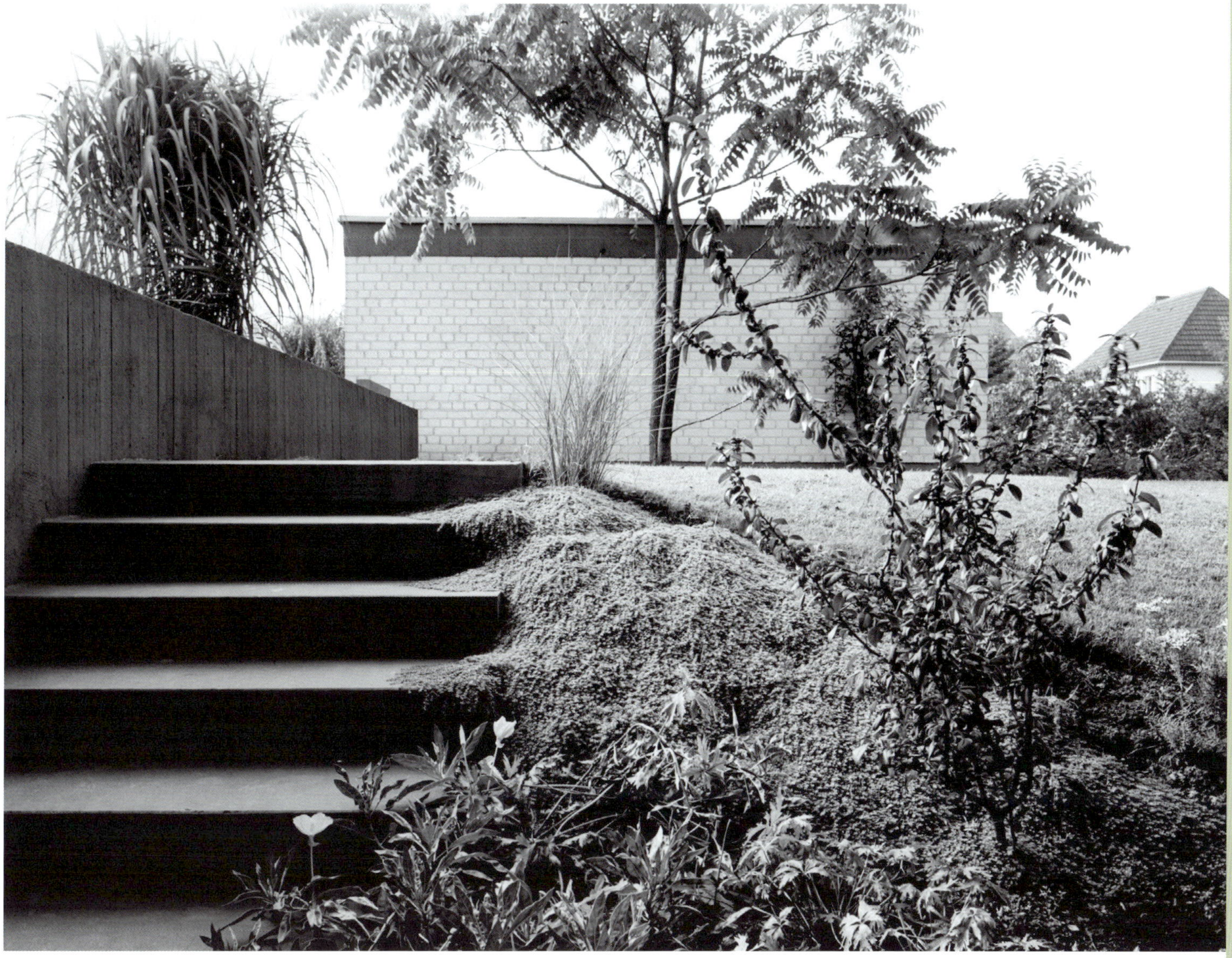

1966
Palais Beauharnais Paris

Die Stärkung des Vorhandenen unterstützt die repräsentativen
Funktionen des ehemaligen deutschen Botschaftsgebäudes.

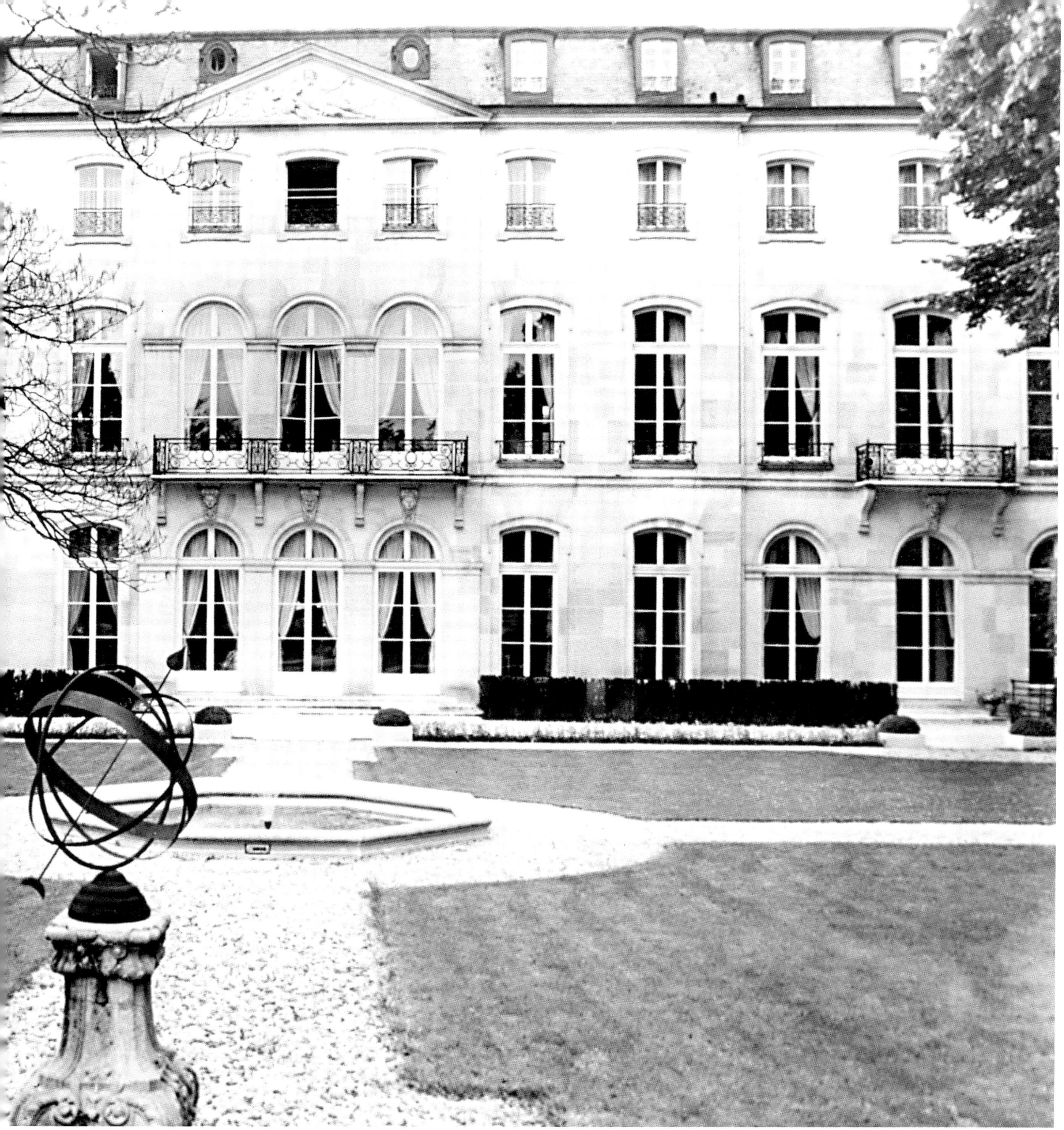

1967

Residenz des Deutschen Botschafters Brüssel

Im formalen wie materiellen Spiel von Putzfassade und Natursteinterrasse wird die moderne Sprache des Gebäudes in den Freiraum übersetzt.

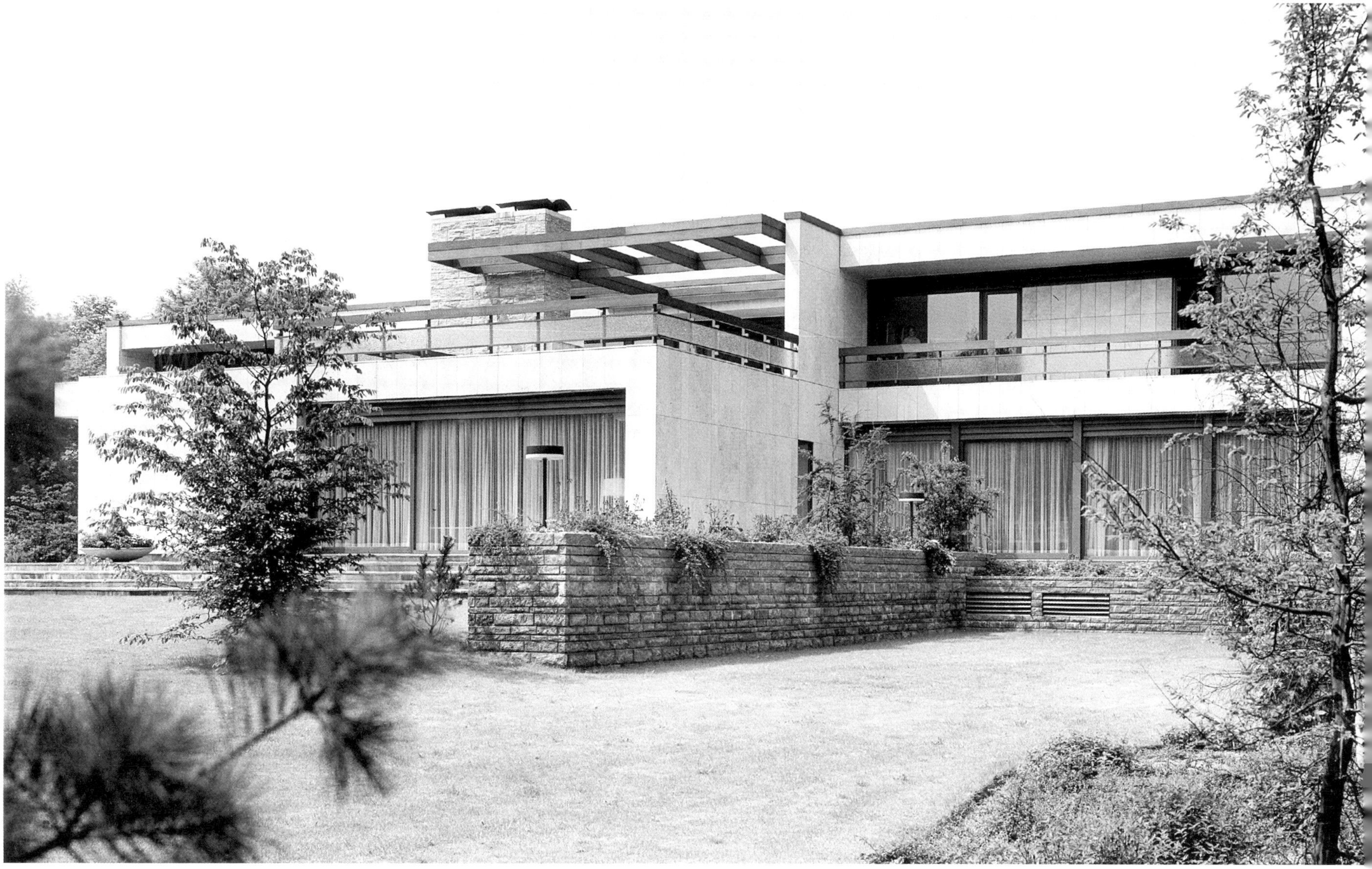

1962-1964

Königlich Niederländische Botschaft Bonn

Linearität und flache Bepflanzung geben dem kubischen Gebäude Halt und Erhabenheit zugleich.

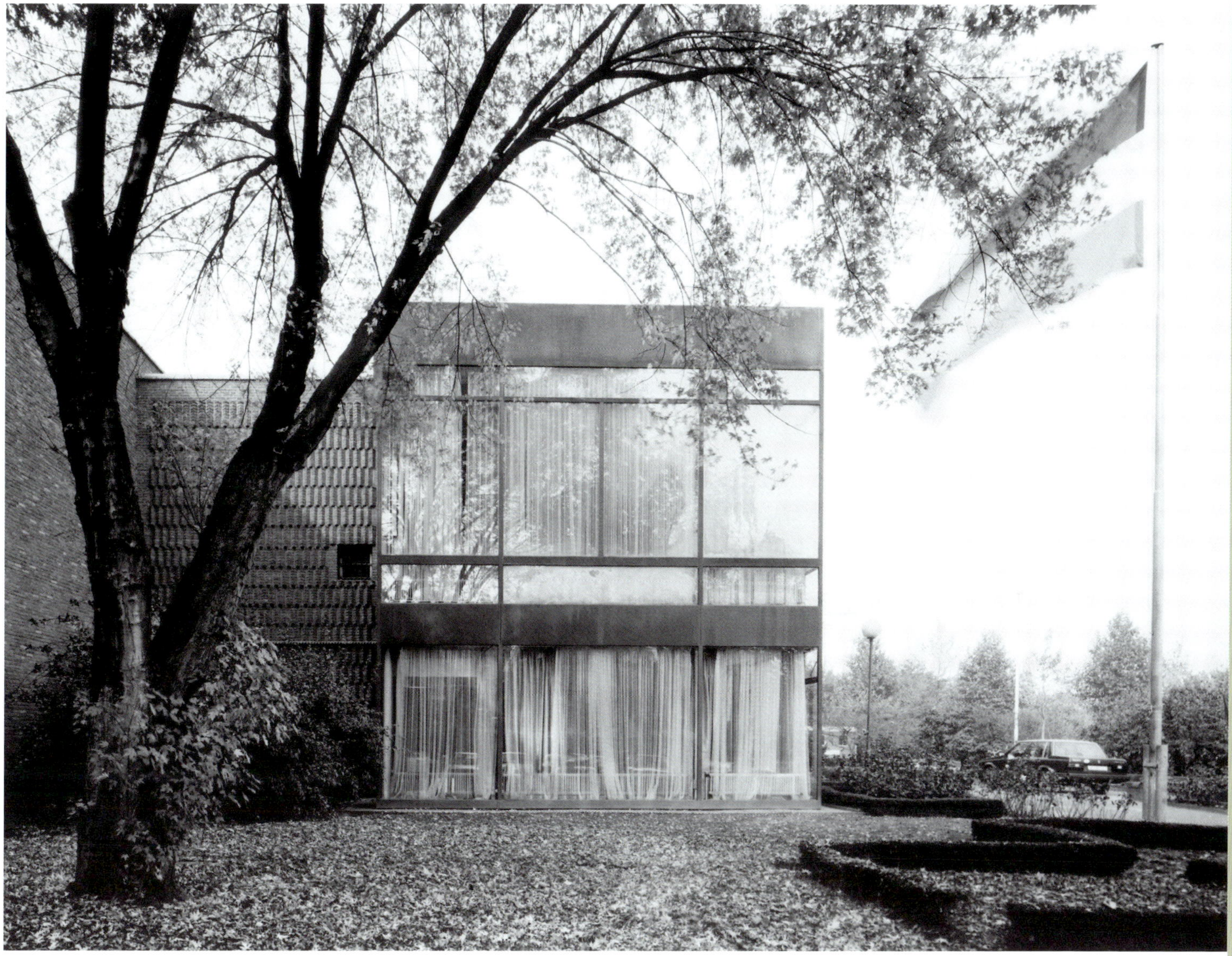

1960–1963

Frankenbad Bonn

55 2X11

Frankenbad Bonn

Die schräge Rasterung verleiht der Freifläche eine eigenständige Kraft. Am Eingang schaffen Felder und Rahmen Ordnung und Orientierung.
Im Innenhof wird die Strenge durch zusätzliche Plattenelemente, Wasser und Pflanzen partiell aufgelöst. Der Hof wird zum Garten.

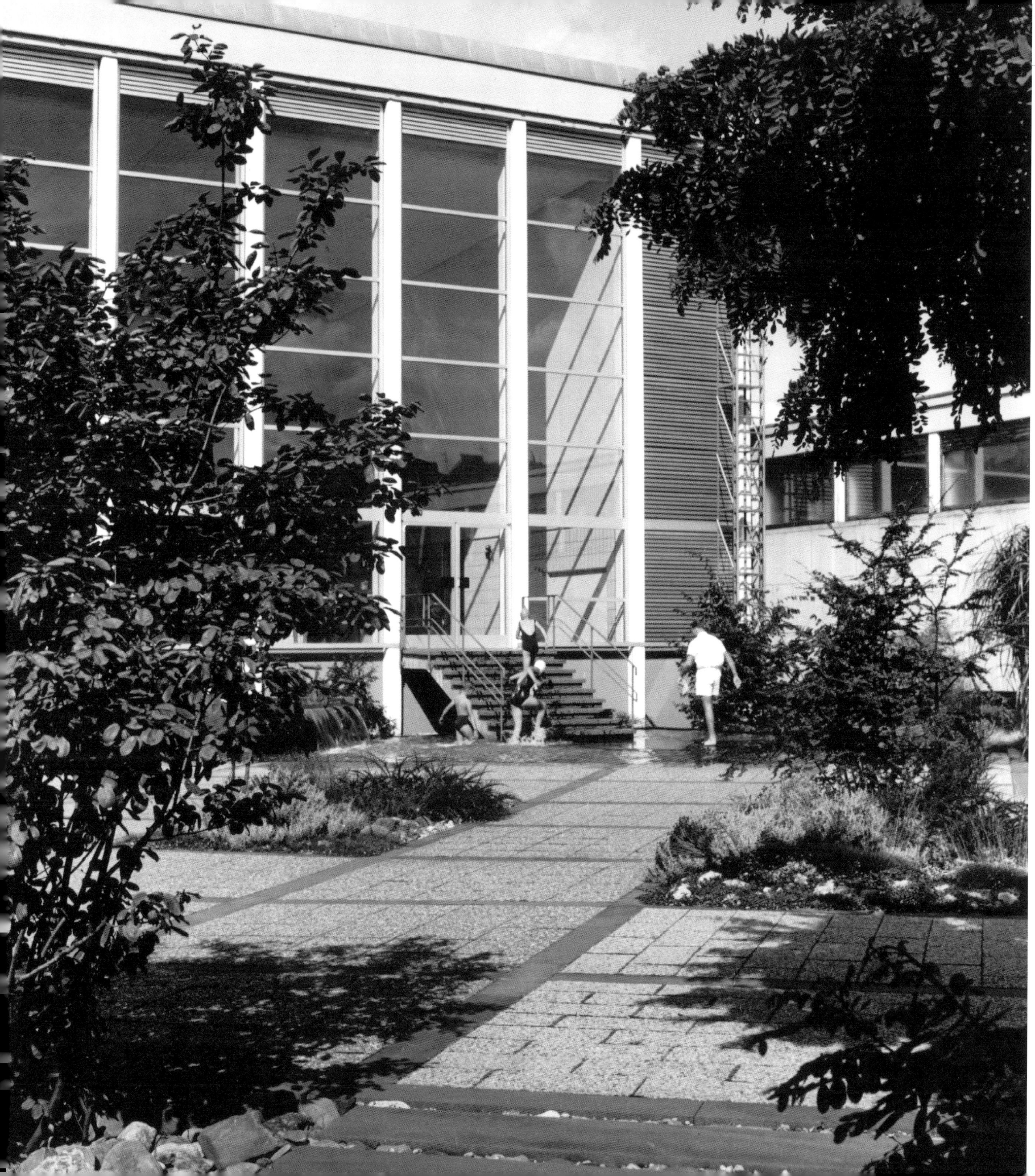

1960-1963

Universitätssportanlage Melbtal Bonn

Felder auf verschiedenen Ebenen, Architekturen aus Sockeln, Mauern, Wegen und Plätzen, Lichtungen und ein partiell dichter Baumbestand lassen Sport zu einem landschaftlich dreidimensionalen Erlebnis werden.

59 2X11

Universitätssportanlage Melbtal Bonn

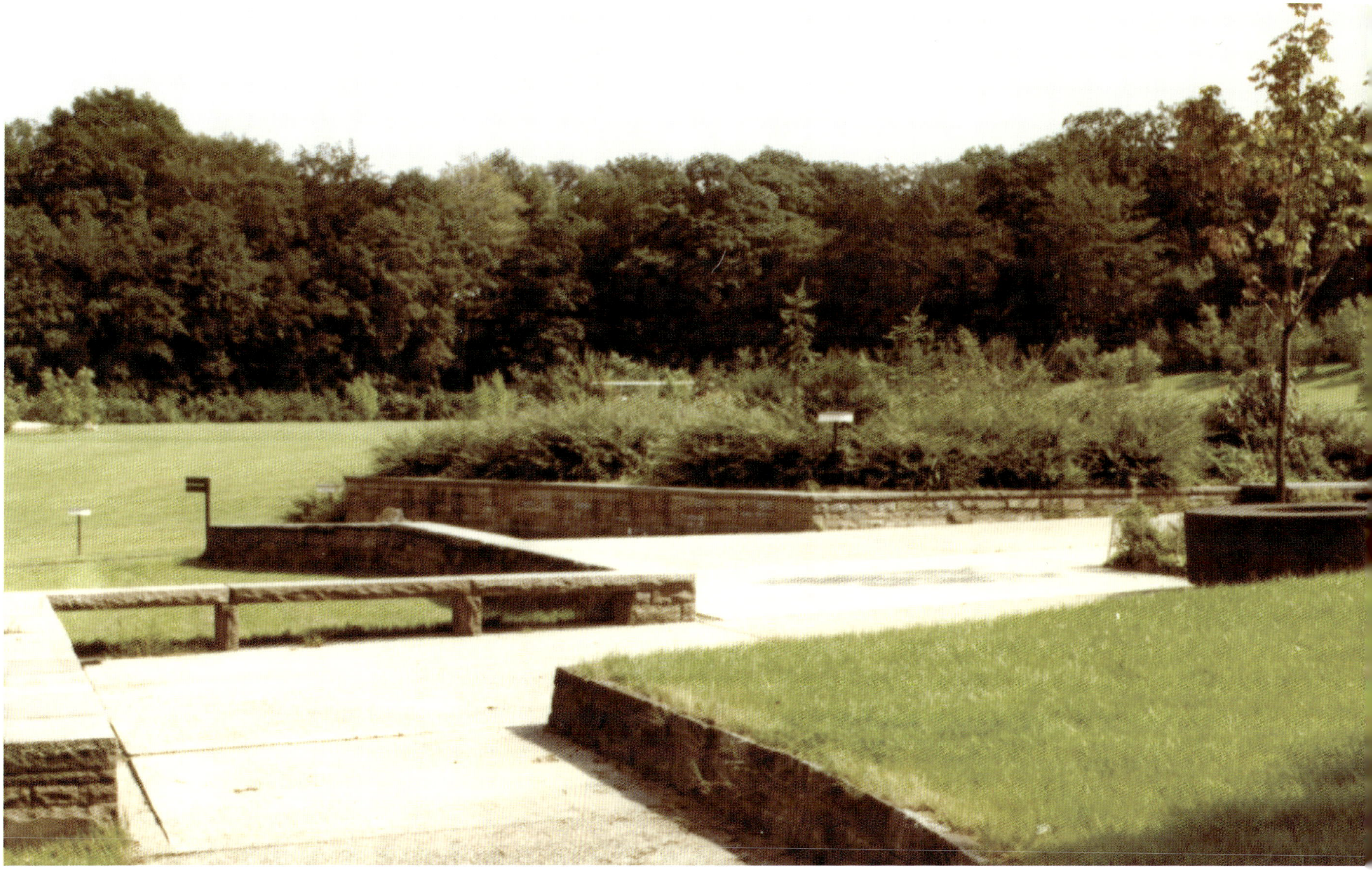

1959

Beethovenhalle Bonn

Markante Grün-Raumstrukturen prägen einen der zentralen Orte der Stadt: zum Rhein hin und am Gebäude wirkt eine sich steigernde Dichte durch die Konzentration von Beeten, Stufen und Wegen, hinten entsteht Weite durch einen von Grün überlagerten Platz.

Beethovenhalle, Bonn

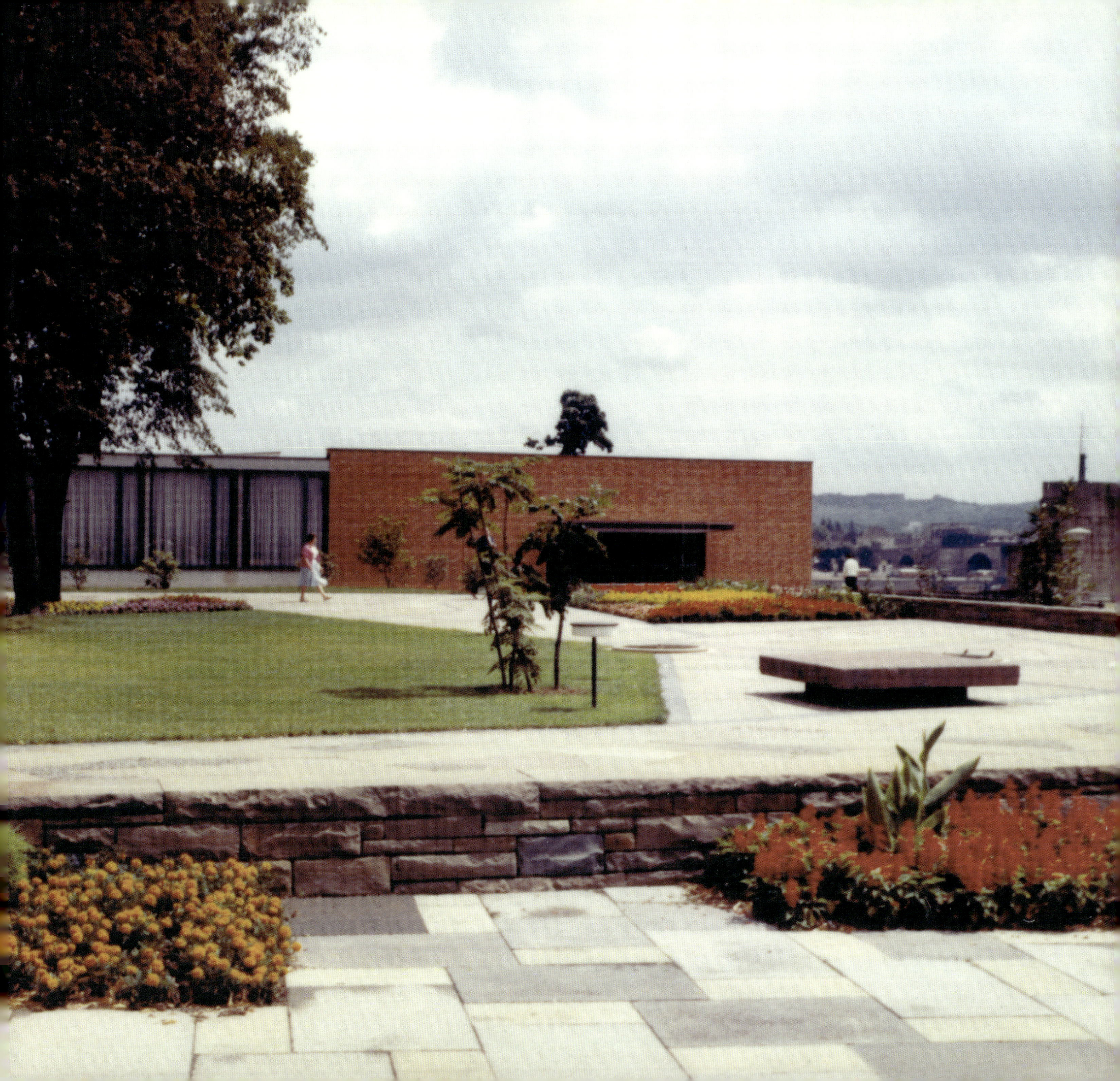

1986–1989

Rheinufer Bonn

Feingliedrigkeit und Weite, hohe Aufenthaltsqualität und Durchlässigkeit – das befestigte Ufer wird zum erlebbaren Teil des Flusses und der Stadt.

1956-1965

Gartenausstellungen Europa

Köln, Chelsea, Dortmund, Darmstadt, Stuttgart, Mailand, Gent, Nantes, Turin, Delft, Düsseldorf, Istanbul, Frankfurt – der Gartenarchitekt als früher Botschafter ambitionierter Grüngestaltungen.

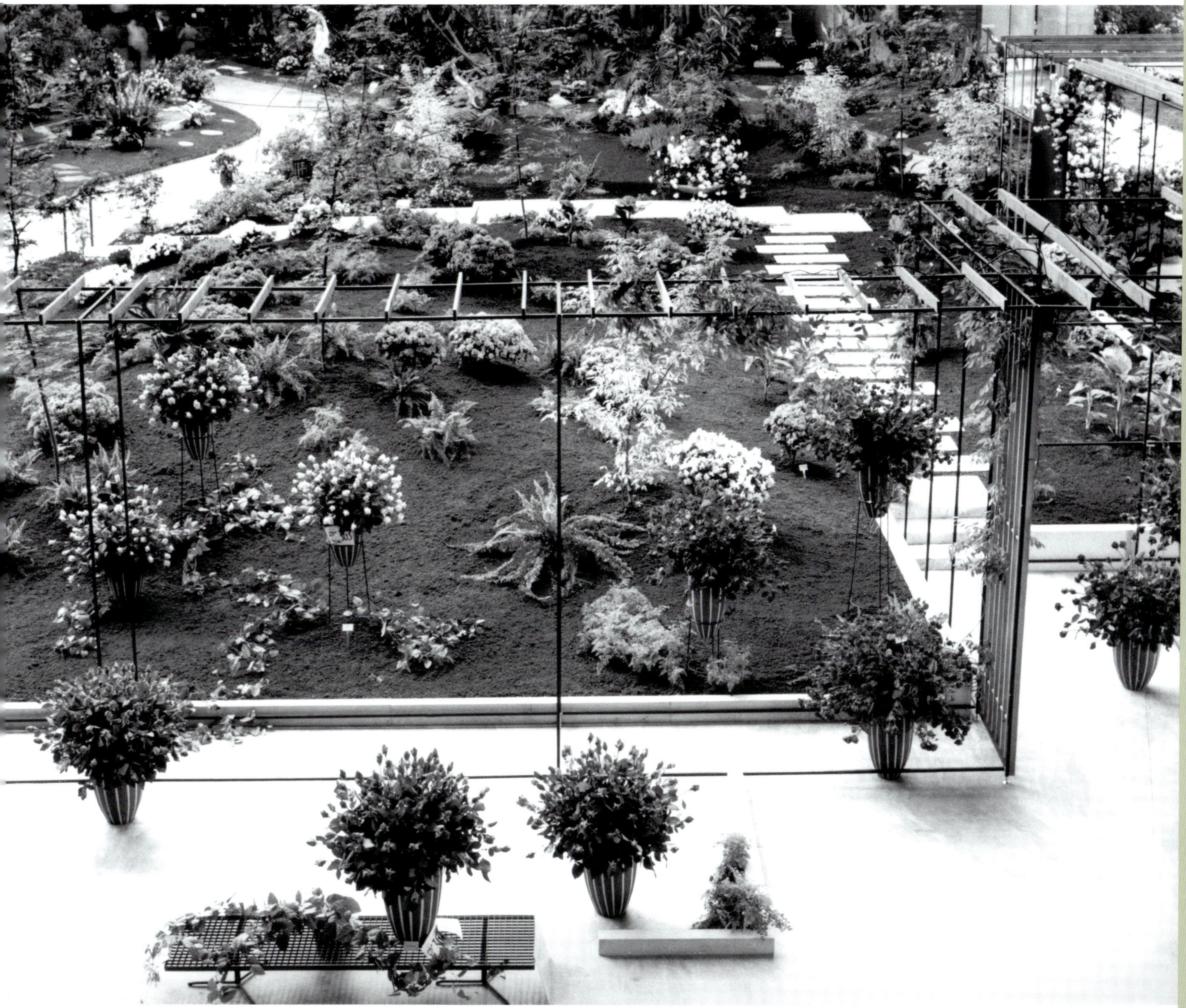

1967
Deutscher Pavillon, Weltausstellung Montreal

Das prominenteste Beispiel für die langjährige Zusammenarbeit mit dem Architekten Frei Otto.

71 2X11

1963

Internationale Gartenausstellung IGA Hamburg

Ein Meilenstein in der Bürogeschichte, entstanden aus der Kooperation der drei Planer Plomin, Schulze und Raderschall: Die großzügigen Grün- und Freiräume der Kleinen Wallanlagen bringen angenehme Weite und unter dem Motto „Spiel – Wasser – Feuer – Muße im Garten" vielfältiges Erleben mitten in die dicht bebaute Stadt.

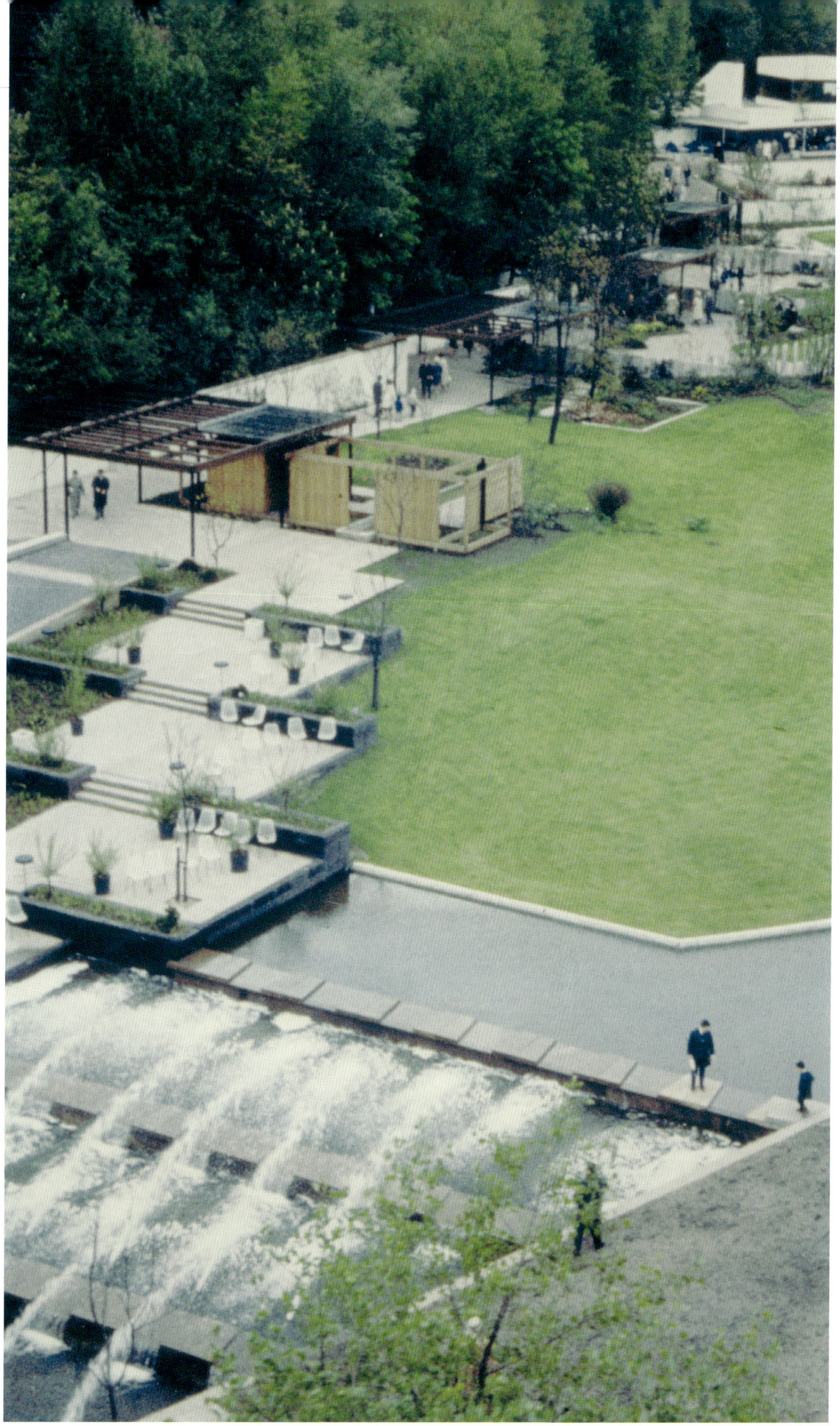

Internationale Gartenausstellung IGA Hamburg

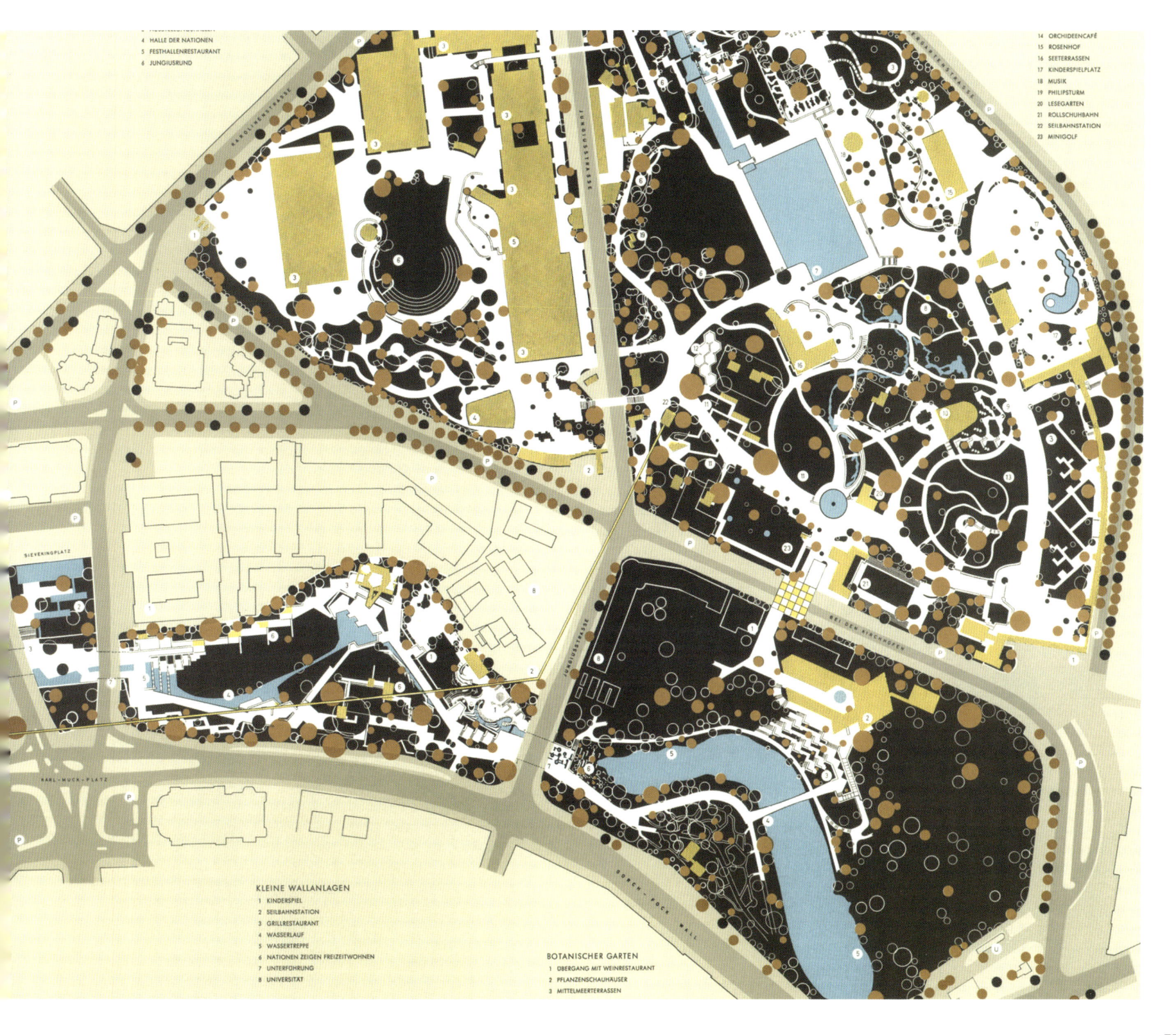

4 HALLE DER NATIONEN	14 ORCHIDEENCAFÉ
5 FESTHALLENRESTAURANT	15 ROSENHOF
6 JUNGIUSRUND	16 SEETERRASSEN
	17 KINDERSPIELPLATZ
	18 MUSIK
	19 PHILIPSTURM
	20 LESEGARTEN
	21 ROLLSCHUHBAHN
	22 SEILBAHNSTATION
	23 MINIGOLF

KLEINE WALLANLAGEN
1 KINDERSPIEL
2 SEILBAHNSTATION
3 GRILLRESTAURANT
4 WASSERLAUF
5 WASSERTREPPE
6 NATIONEN ZEIGEN FREIZEITWOHNEN
7 UNTERFÜHRUNG
8 UNIVERSITÄT

BOTANISCHER GARTEN
1 ÜBERGANG MIT WEINRESTAURANT
2 PFLANZENSCHAUHÄUSER
3 MITTELMEERTERRASSEN

Internationale Gartenausstellung IGA Hamburg

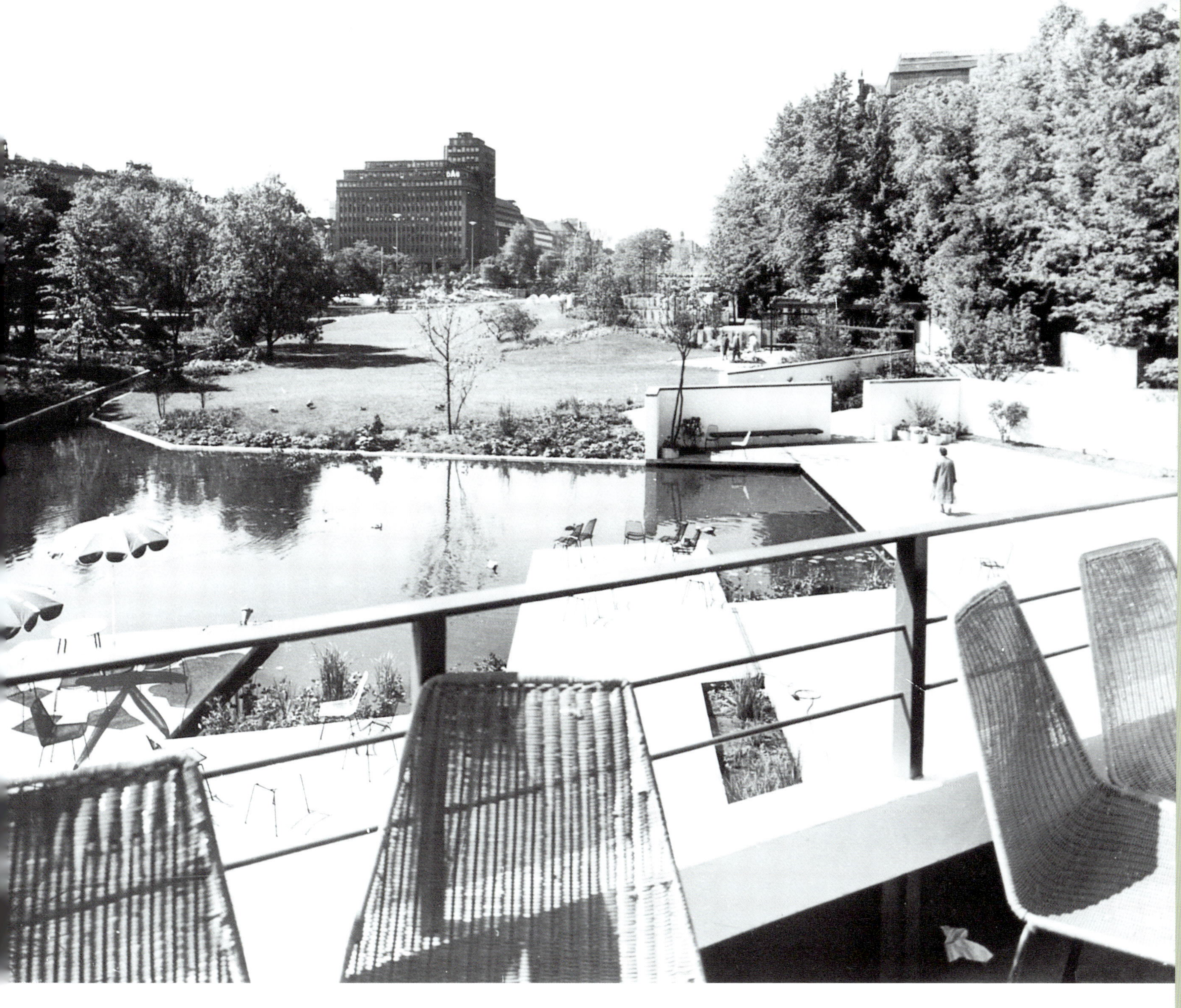

Internationale Gartenausstellung IGA Hamburg

79 2X11

HANS-DIETER COLLINET MINISTERIALDIRIGENT IM MINISTERIUM FÜR BAUEN UND VERKEHR DES LANDES NRW

Gartenkunst in Nordrhein-Westfalen – ein Ausblick

Mit der ersten dezentralen Landesgartenschau im Jahr 2002 rund um das Zentrum für Gartenkunst und Landschaftskultur auf Schloss Dyck wurde ein Meilenstein in der Landschaftsplanung des Landes Nordrhein-Westfalen verwirklicht. So sind sieben historische Parkanlagen am Niederrhein nach denkmalpflegerischen Parkpflegewerken bare kulturelle Profilierung über die Industriekultur gelungen. Der Emscher Landschaftspark ist das großartigste landschaftliche Gesamtkunstwerk von weltweiter Beachtung im nördlichen Ruhrgebiet. Dieses hat dem amorphen Siedlungsgefüge des Ruhrgebiets einen neuen Landschaftstypus geschenkt und eine ökologische wie ästheti-

Urbanität und Landschaft sind wichtig für Lebensqualität und wirtschaftliche Dynamik

wieder in Wert gesetzt worden. Zugleich gelang mit dem wogenden Chinaschilf auf dem Dycker Feld die Verwirklichung eines für Landesgartenschauen ganz neuen Parkbildes. Dyck steht für die Übersetzung des kulturellen Erbes der europäischen Gartenkunst in die Jetztzeit sowie einer neuen Partnerschaft von Ökologie und Ästhetik. Mit Dyck wurden wichtige Impulse für die weitere Entwicklung der Kulturlandschaften in NRW, verknüpft in einem europäischen Netzwerk, gesetzt.

Ausgangspunkt für diese Entwicklungen ist der Emscher Landschaftspark der Internationalen Bauausstellung in den 1990er Jahren. Schon mit diesem wurde die europäische Gartenkunst auf vorbildhafte Weise fortgeschrieben. Hier ist das Bewusstsein für städtebauliche wie landschaftsräumliche Qualitäten entstanden und eine unverwechsel-

sche Antwort auf den Schrumpfungsprozess einer alternden Industrieregion gegeben. Mit seinen Ikonen der Industriekultur, seinen unterschiedlichen Ausprägungen von Orten zwischen dem Industriewald auf Zeche Rheinelbe in Gelsenkirchen und dem postindustriellen Stadtpark im Innenhafen Duisburgs wurde zudem ein landschaftsräumliches Ordnungssystem mit weithin sichtbaren Landmarken auf den künstlerisch überformten Halden geschaffen. Der Weiterbau des Emscher Landschaftsparks im Sinne der nordrhein-westfälischen Industriekultur war auch Erfolgsgarant für die Bewerbung der Stadt Essen und des Ruhrgebietes um die europäische Kulturhauptstadt 2010.

Landschaft ist Teil dieser Städteregion. Im Rahmen der Landesinitiative StadtBauKultur wurde 2005 der öffentliche Stadtpark zum Schwerpunkt des Leitprojektes „Straßen der Gartenkunst" ernannt. Denn die Attraktivität der Städte wird unstreitig von der Qualität ihrer öffentlichen Räume und des öffentlichen Grüns bestimmt. Ein Blick in die Geschichte der europäischen Stadt, das immer noch attraktivste Stadtmodell weltweit, bestätigt dies.

Einen eindrucksvollen Beweis lieferte dazu auch die Stadt Münster. In einem internationalen Wettbewerb der UNESCO mit mehr als 500 Städten hat Münster 2005 wegen seiner planvoll geschaffenen Freiraumqualitäten, im Verbund mit ihrem wirtschaftlichen, kulturellen und urbanen Profil, die Auszeichnung „Lebenswerteste Stadt" erhalten. Alle einschlägigen Raumbeobachtungen bestätigen: Neben verkehrsgünstiger Lage, sozialer Stabilität und Breite des Bildungsangebotes sind auch das baukulturelle Profil, Urbanität und Landschaftsqualität wichtige Parameter für die Lebensqualität und die wirtschaftliche Dynamik von Städten und Regionen in Europa. Was in Münster richtig ist, kann auch in schrumpfenden Städten und Stadtteilen mit urbanen wie landschaftlichen Defiziten nicht falsch sein: eine planvolle Investition ins Grün für mehr Lebensqualität, eine familienfreundliche und zukunftsfähige Stadt. In allen „REGIONALEN Kultur- und Naturräumen in NRW", die in zweijährigem Turnus seit dem

Jahr 2000 in NRW durchgeführt werden, wird dieser Zusammenhang immer wieder aufs Neue entdeckt und herausgearbeitet. Begleitet und erweitert werden all diese Bemühungen um das Grün in und am Rande der Städte durch das von Dyck geführte Projekt European-Garden-Heritage-Network (EGHN), mit Partnerregionen in England und Frankreich. Die vier „Straßen der Gartenkunst" zwischen Rhein und Maas, im Gartenreich Ost-Westfalen-Lippe (OWL), in der Parklandschaft Münsterland und im Ruhrgebiet stehen damit in einem überregionalen Kontext der öffentlichkeitswirksamen Vermittlung der städtebaulichen und kulturlandschaftlichen Bedeutung und der Förderung des kulturtouristischen Potenzials in den Regionen.

Künftig geht es um einen Dreiklang in der Grünraumentwicklung unserer Städte: um die Verbindung von Natur, Kultur und Stadt(-Landschaft). Landschaften sind immer von Menschen geschaffenes, ja geformtes Land – ein Abbild seines Verhältnisses zur Natur, der Nutzung und Veränderung. Das Ergebnis ist eine Kulturlandschaft, mit der wir positive Bilder assoziieren, wenn zugleich ihre natürlichen Eigenarten erkennbar bleiben, die Eingriffe und Veränderungen eine spezifische Typologie erzeugen, schließlich Nutzung, Gestalt und Natur ein neues ökologisches Gleichgewicht finden.

Daraus leiten sich, gerade auch im Kontext des EGHN-Projektes, drei Aktionsfelder ab:

1. Wir stärken im Rahmen der Initiative Stadtbaukultur die Bedeutung des öffentlichen Raumes und des öffentlichen Grüns: für mehr Lebensqualität in der Stadt, als Beitrag gegen Stadtflucht und als Antwort auf den demografischen Wandel.
2. Wir entdecken das gartenkulturelle Erbe und suchen den denkmalpflegerisch richtigen Umgang mit dem wachsenden und sich immer verändernden Gartenmonument, um die ästhetische Grundidee zu erhalten.
3. Wir nutzen die vielfältigen und abwechslungsreichen Kulturlandschaften mit Gärten und Parks zur kulturtouristischen Profilierung nach innen wie nach außen.

Touristische Konzepte benötigen drei Bausteine: ein Produkt, die Verankerung im Raum und Kommunikation. Das Produkt im Rahmen des EGHN sind qualitätvolle historische wie einzigartige neue Gärten und Parkanlagen, unverwechselbare, memorable Räume in vier Regionen unseres Landes. Nicht der einzelne Garten verändert die Wahrnehmung einer Region sondern die Familie der Gärten, ihre Vernetzung im Raum über vier „Straßen der Gartenkunst". Der Garten lebt zwar aus sich heraus, aber als Rahmen und wunderbare Kulisse wird er erst über kulturelle Ereignisse in seinem Wesen als Kulturort erkannt.

Kulturlandschaften sind das Produkt einer Zeitreise durch die europäische Geschichte. Die Reflektion der Vergangenheit schafft Vorbilder, die für die Lösung von Gegenwartsfragen übersetzt werden können, und regt Visionen an für die Lösung von Zukunftsfragen, wie eben der Gestaltung unserer Lebensumwelt. Und Fragen stellen sich angesichts des wirtschaftlichen, demografischen und gesellschaftlichen Umbruchs unserer Städte zuhauf. Kultur und Natur begleiten uns auf dem Weg in eine neue zukunftsfähige Harmonie einer sich erneuernden Stadtlandschaft. Das können wir 2010 anlässlich der Kulturhauptstadt Essen im Ruhrgebiet und in der REGIONALE Rheinland mit zahlreichen spannenden Landschaftsprojekten unter Beweis stellen.

Dass all dies notwendig und nützlich ist, hat schon Hermann Fürst von Pückler-Muskau erkannt: „Was ist eigentlich nützlich? Bloß was uns ernährt, erwärmt, gegen die Witterung beschützt? Und weshalb heißen denn solche Dinge nützlich? Doch nur weil sie das Wohlsein des Menschengeschlechts leidlich fördern. Das Schöne aber befördert es in noch höherem und größerem Maße. Also ist das Schöne unter den nützlichen Dingen eigentlich das Nützlichste".

Ausweitung und Verlagerung

Durch die Partnerschaft mit Carl Möhrer und Friedrich-Wilhelm Peters beginnt Ende der 1960er eine neue Ära im Büro. Kontinuität und Weiterentwicklung sind die Zeichen der Zeit: im Büro und auch in den Aufgaben. Gärten, Wohnsiedlungen sowie städtische Grün- und Freiräume spielen nach wie vor eine große Rolle. Dazu kommen in stärkerem Maße Landschaftsarchitekturen für große Unternehmen. Hier stehen Repräsentation und Identität im Vordergrund der Gestaltung. Der Einfluss von Heinrich Raderschall ist vielfach prägend, doch sind in den folgenden zwanzig Jahren drei unterschiedliche Handschriften in den Projekten zu erkennen.

1975-1992

Alexander von Humboldt-Stiftung Bonn

Einfach nur grün über grün. Dazwischen einladende und anregende Rückzugsräume aus Bank und Platz, Licht und Schatten.

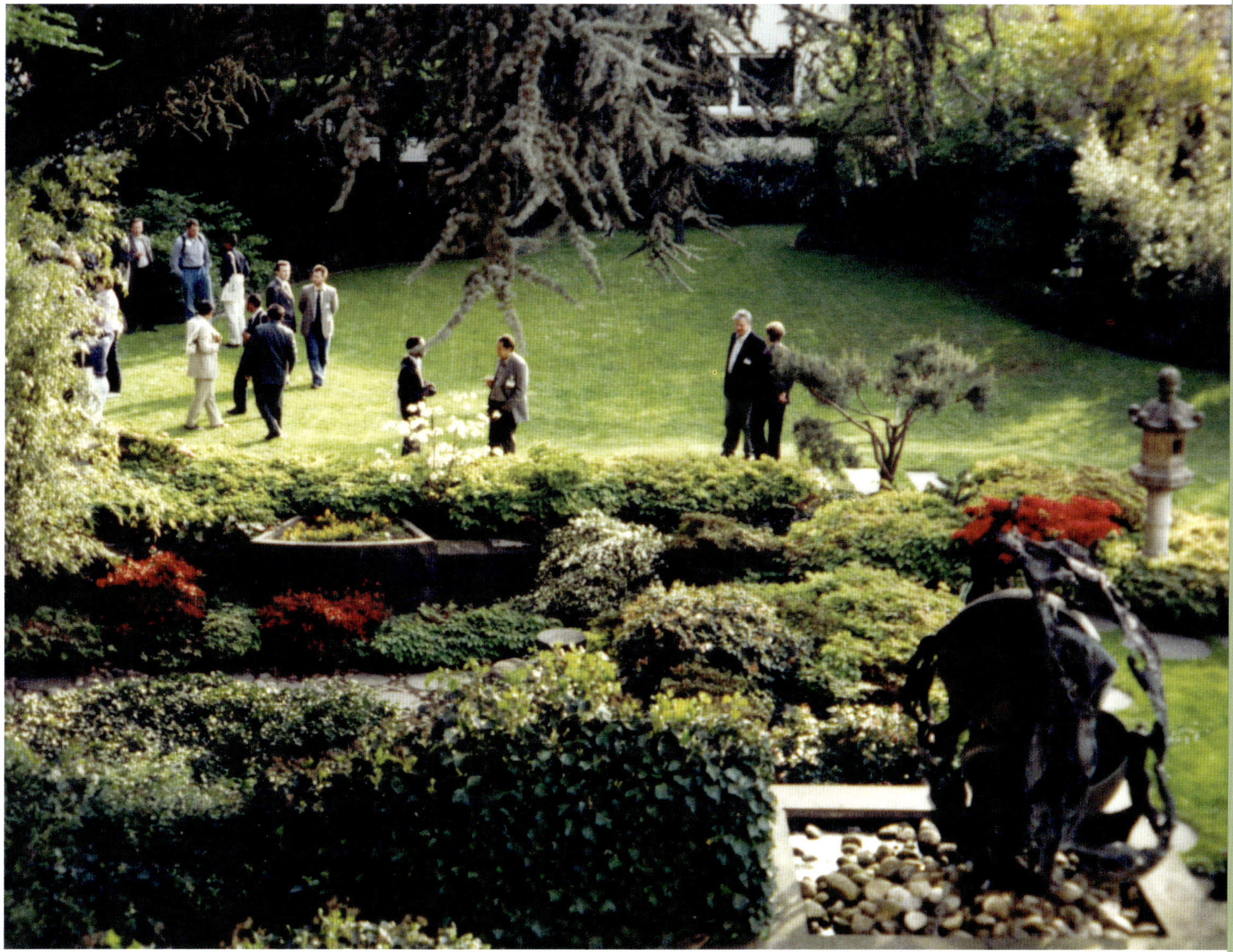

Friedrich-Ebert-Stiftung Bonn

1969

Auf einer Ebene entsteht subtile Materialität durch reduzierte Pflanzendichte sowie die Varianz und Rauigkeit der Oberflächen. Ergebnis ist eine ruhige, nahezu kontemplative Atmosphäre im Innenhof.

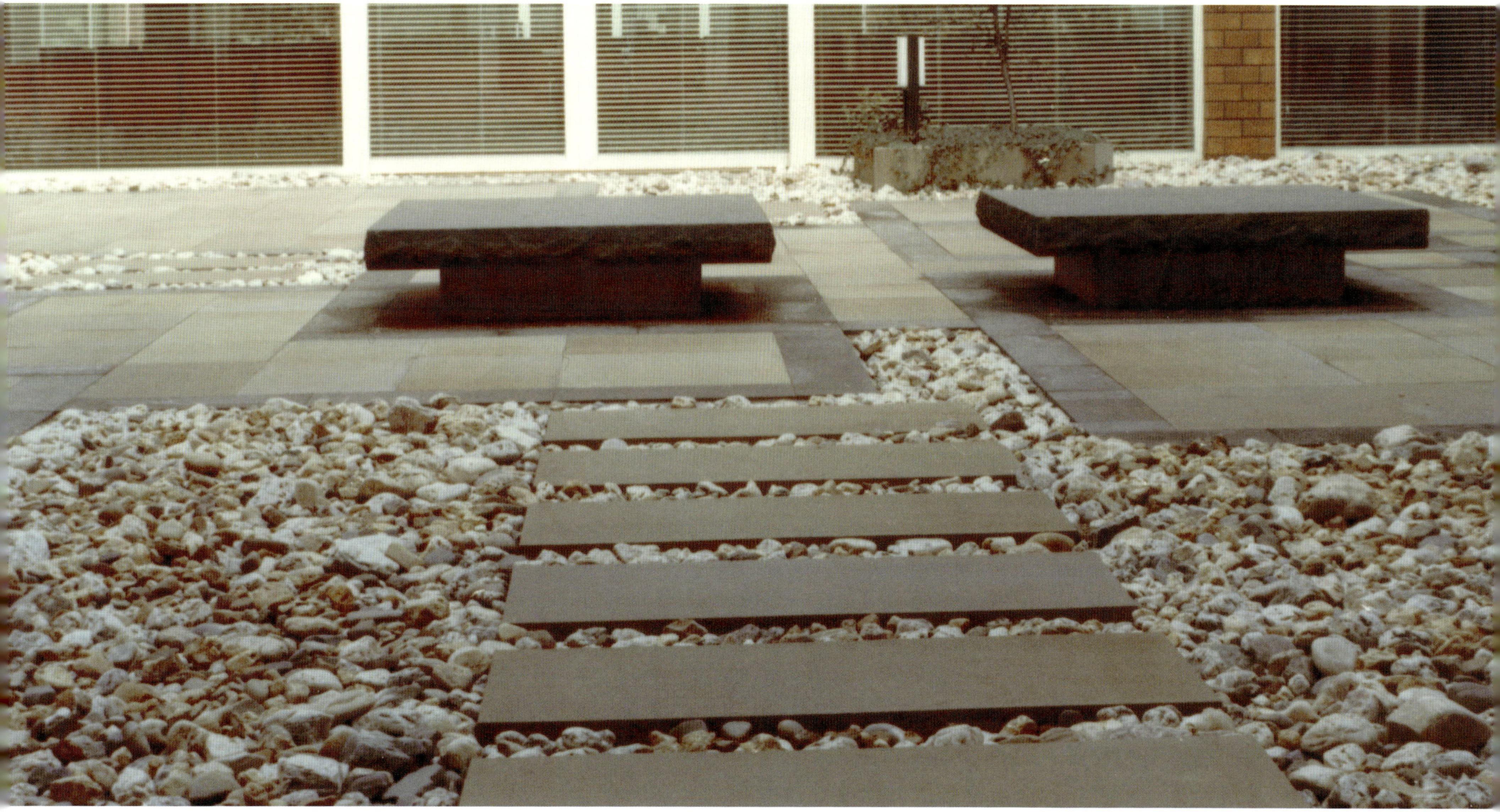

1968-1973

Deutsche Siedlungs- und Landesrentenbank Bonn

Dialog und Unterstützung. In Form und Material verstärken die Freiraumelemente horizontalen Schichtungen und den Schwung des Baukörpers.

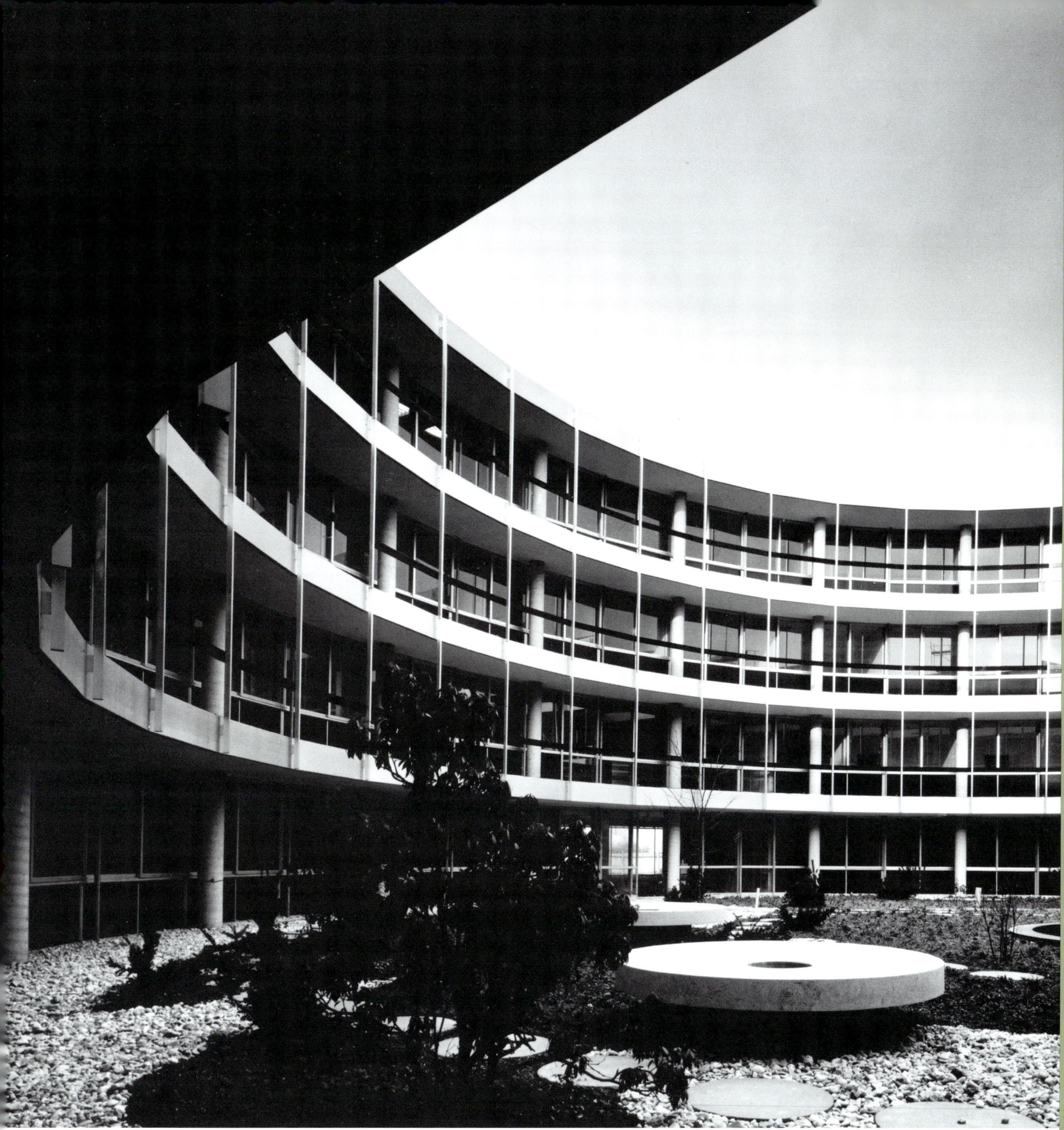

1983-1986

Franz-Haniel-Park Duisburg

Der klassische Park lebt durch die Ausgewogenheit von Baumsetzungen und freien Flächen, vom Gleichgewicht des mächtigen Baumbestandes mit dem großvolumigen Gebäudekomplex.

1967

Wohnsiedlung Horchheimer Höhe Koblenz

Partielle Dichte in kleinräumigen Rückzugsräumen und weitläufige Grünflächen schaffen Landschaftserlebnis mit einfachen Mitteln inmitten der baulichen Großstruktur.

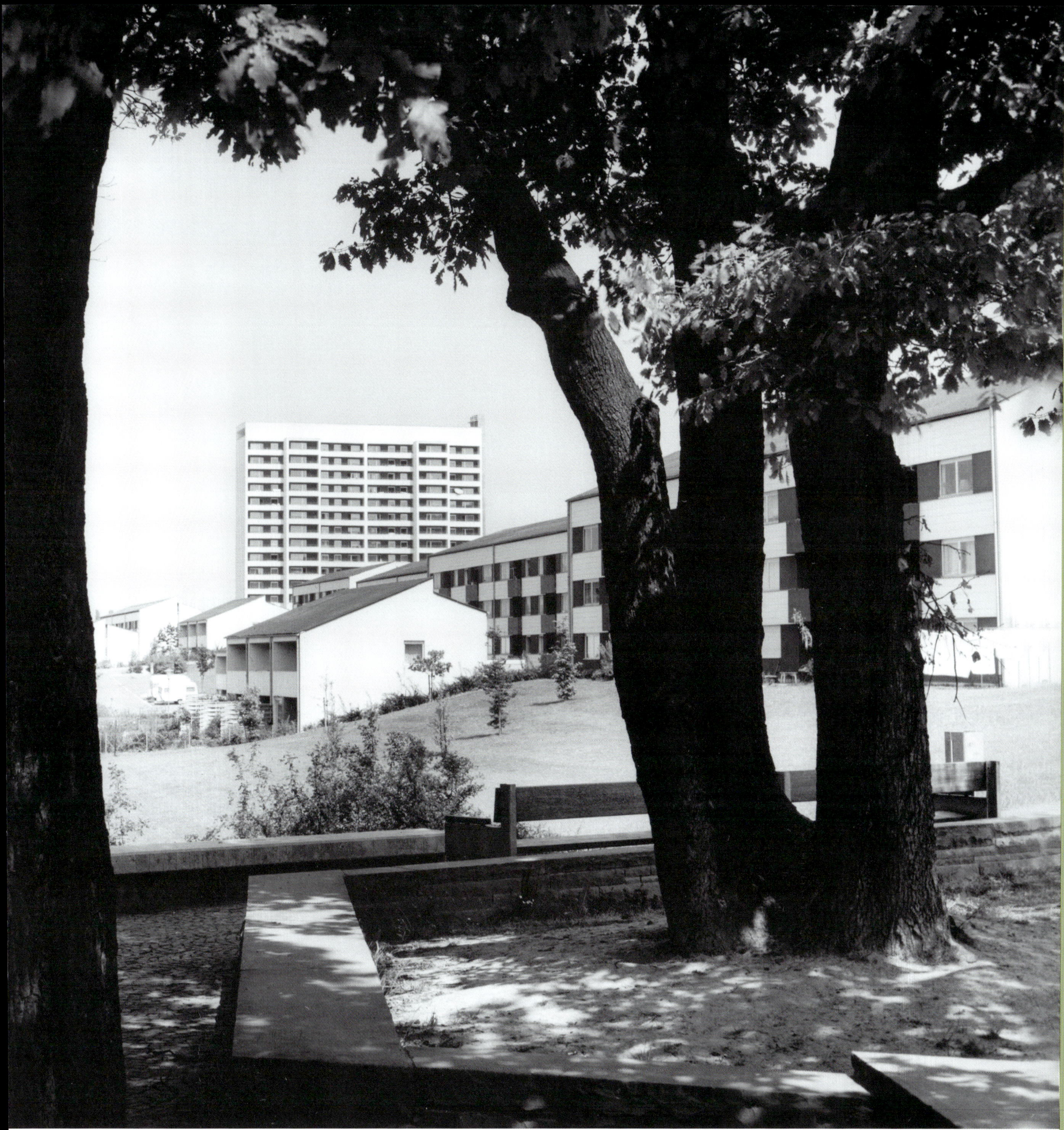

1965-1980

Wohnbebauung Heiderhof Bonn

Atriumgärten und feingliedrige Geometrie im Pflaster, der Baum auf dem Platz vorm Haus:
die Großsiedlung erhält so einen menschlichen Maßstab.

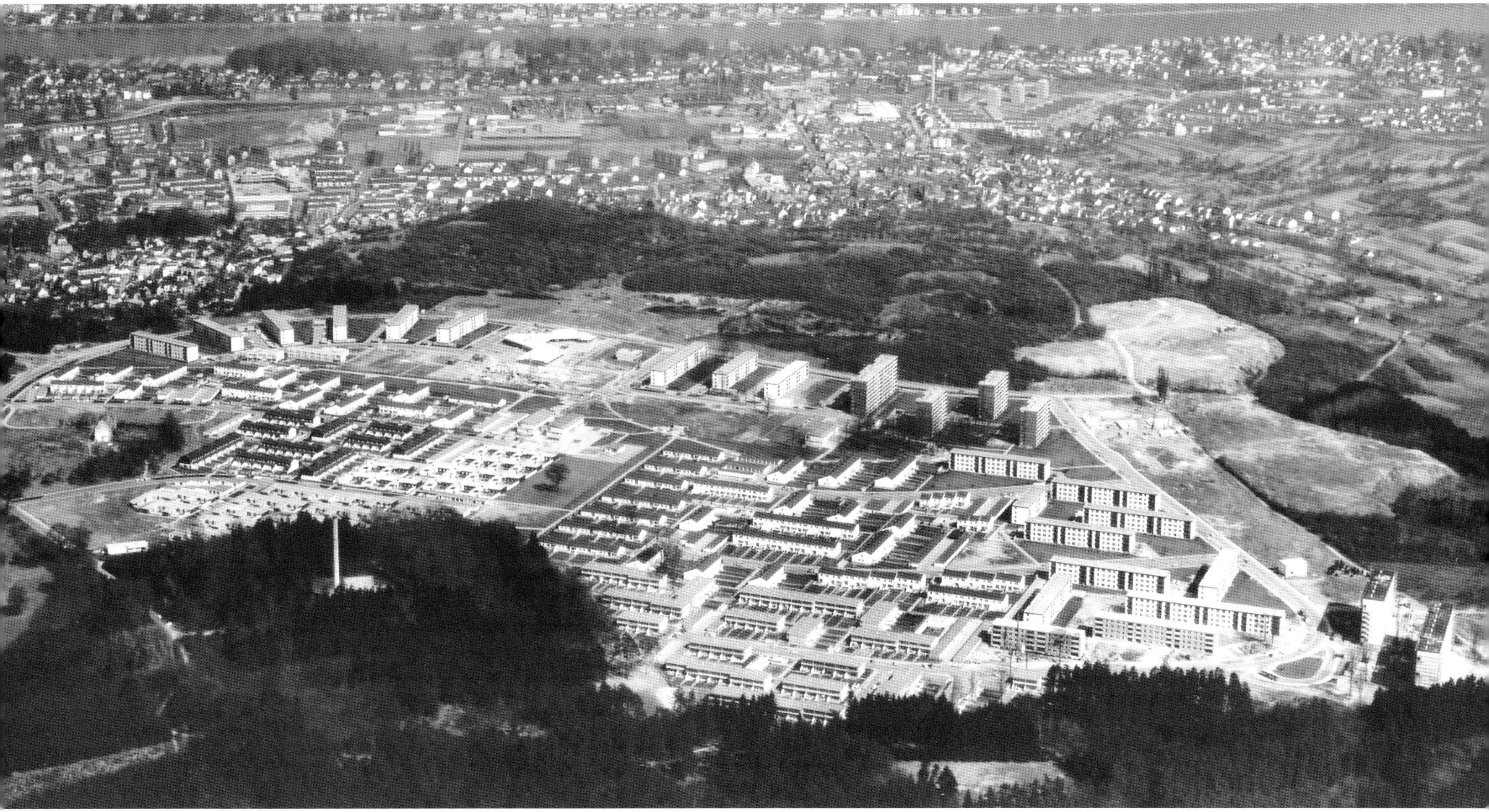

1979
Hausgärten BUGA Bonn

Ausstellungen sind willkommene Gelegenheiten für neue Gestaltungsansätze und Experimente mit Pflanzen jenseits des Tagesgeschäfts.

1980–1989, 1992–1993

Wohnsiedlung Brüser Berg Bonn

Neue Wege, neue Materialien und – herausragend – neue Elemente in der Freiraumgestaltung: das begehbare und bespielbare Rankgerüst der Gruppe Haus Rücker.

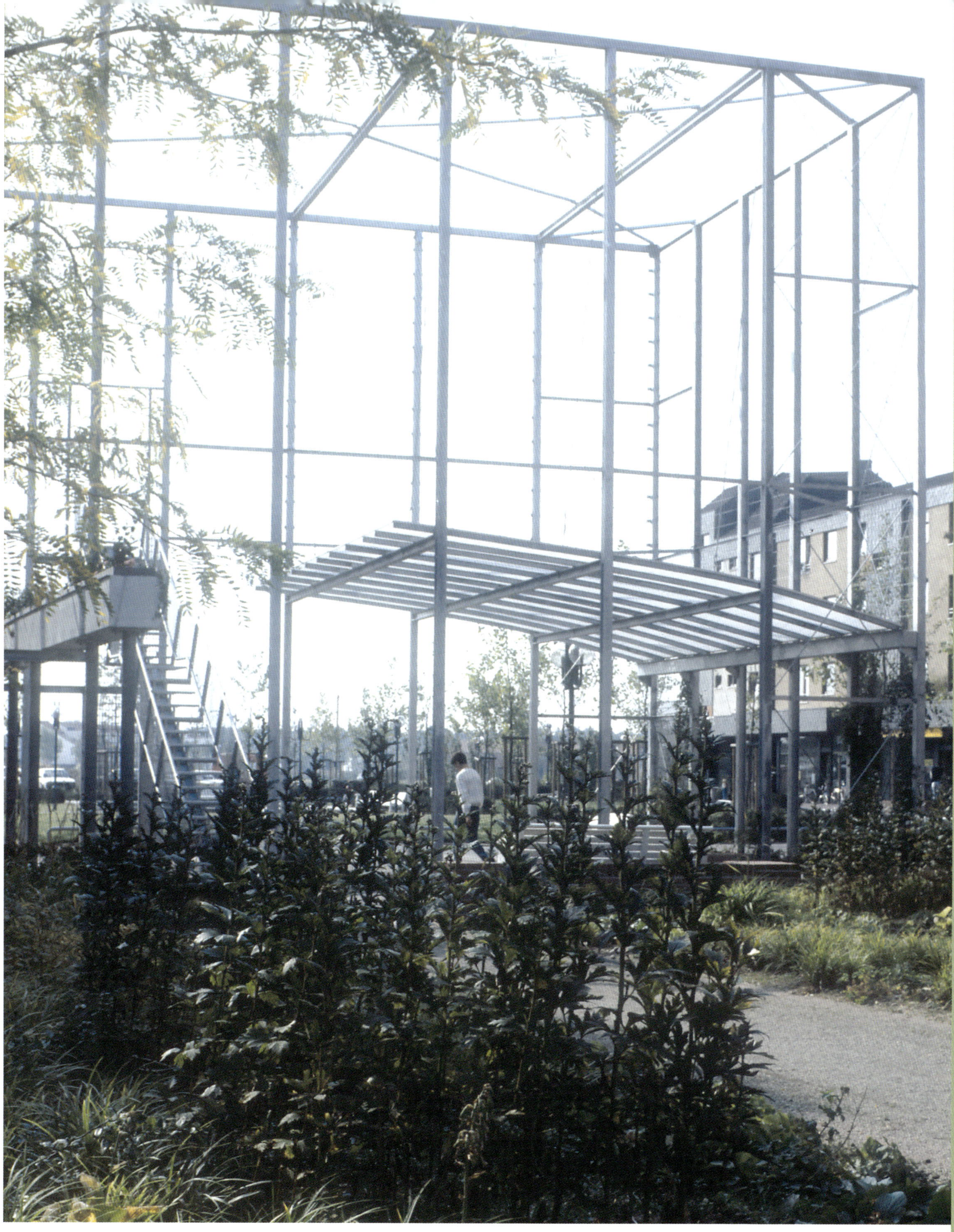

1985-1986

St.-Apern-Straße Köln

Das grüne Dach: Die Verlagerung des Grüns nach oben - eine angemessene Reaktion und gleichsam hochwertige Kompensation der Enge und Funktionsdichte einer innerstädtischen Einkaufsstrasse .

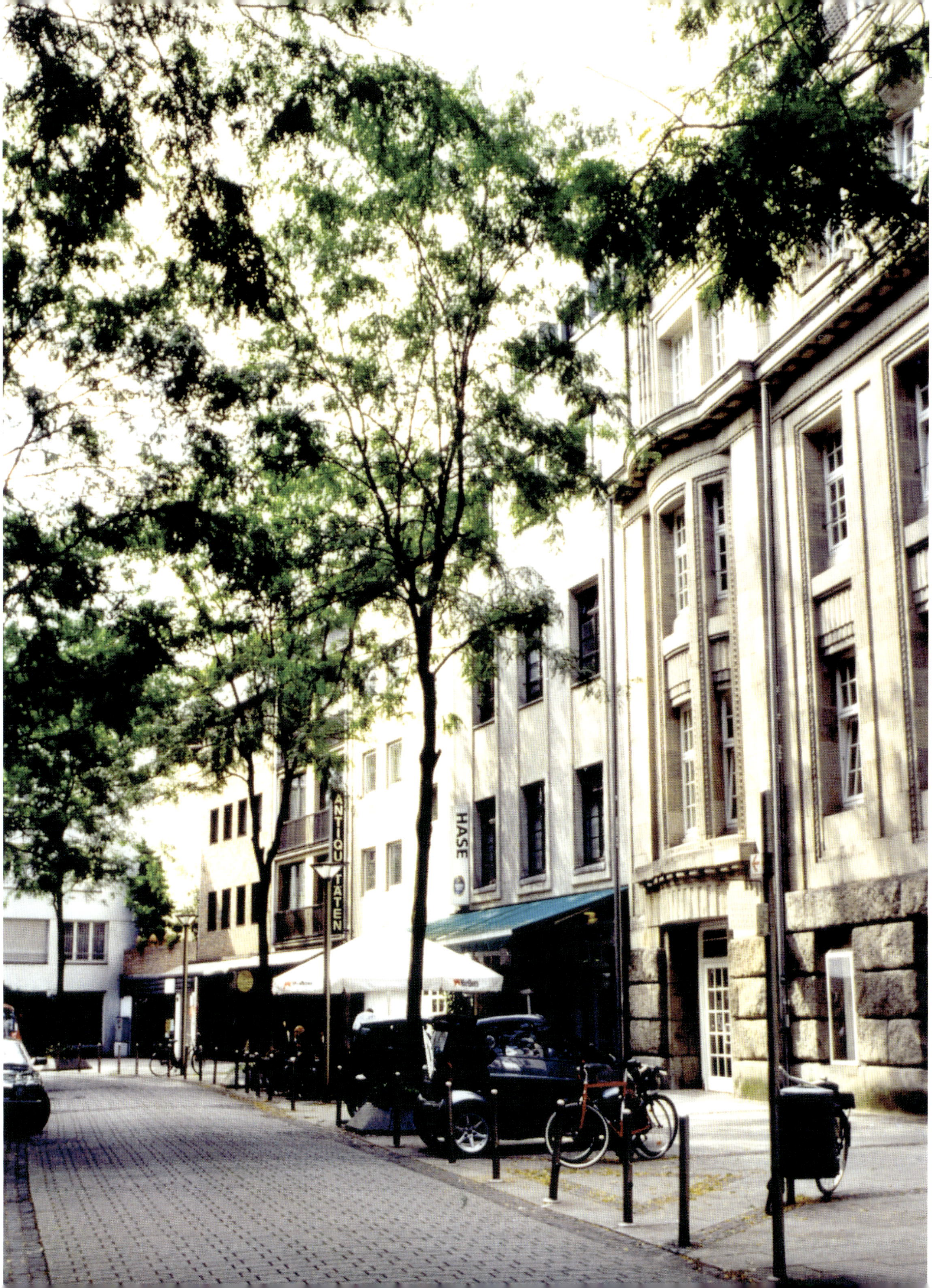
ANTIQU
TÄTEN
HASE

1967

Kurfürstenallee Bad Godesberg

Wieder typisch Raderschall: Strenge Geometrie und kleingliedrige Oberflächen schaffen zeitgemäße und belebende Akzente im historischen Kontext.

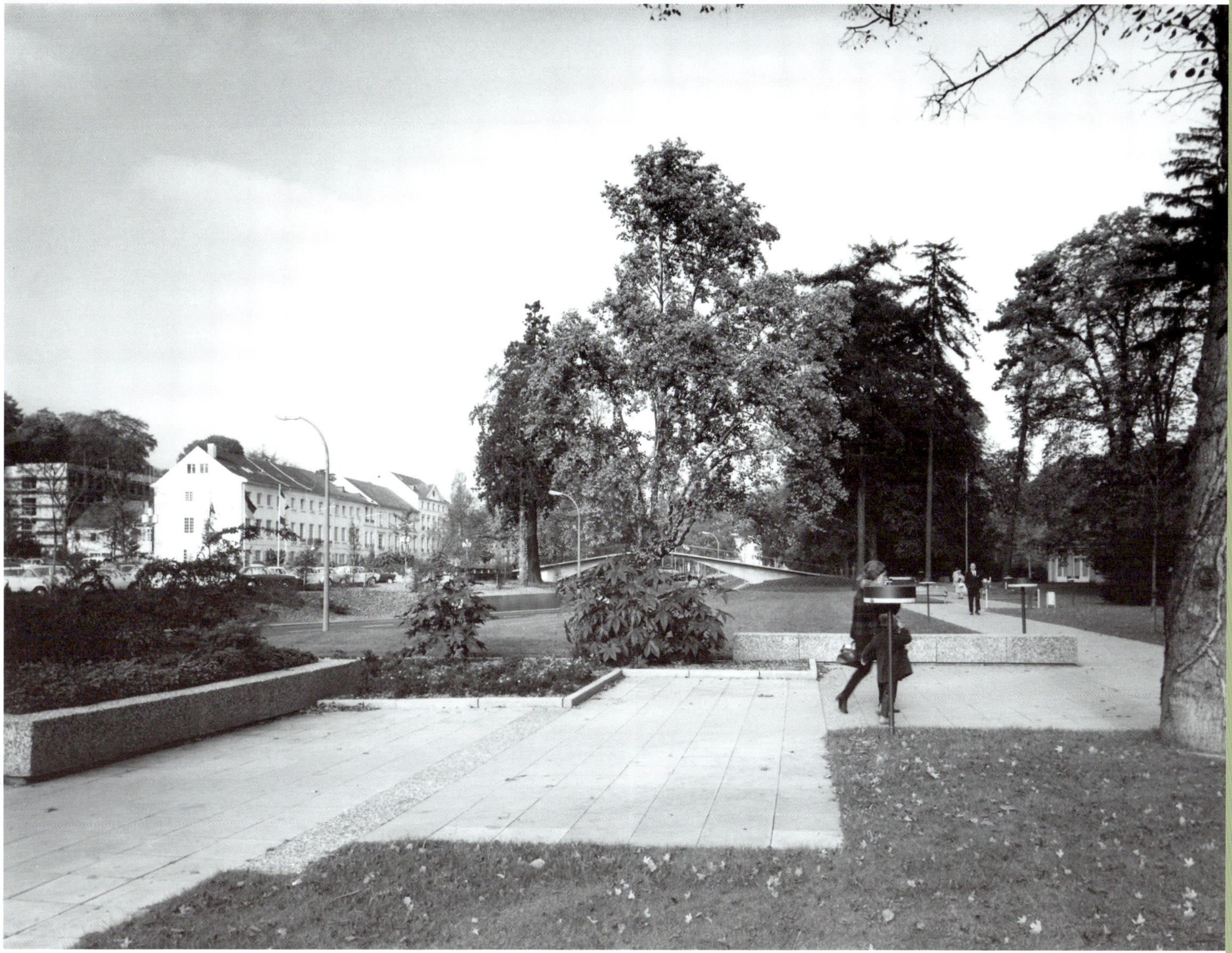

1969-1970

Stadtpark Bad Godesberg

Gleich neben dem Rathaus die Fortsetzung. Der klassische Park wird mit zeitgemäßer Gestaltung neu belebt. Die Funktionsflächen für den Kurbetrieb schweben gleichsam über der Vegetationsfläche – so wird die Gebäudearchitektur in den offenen Grünraum integriert.

105 3X11

HEINRICH RADERSCHALL GARTENARCHITEKT

Der Weg zum Gartenarchitekten Teil 2

Planungsbesprechung Horchheimer Höhe, Koblenz. Links: Dr. Hans Dieter Körber, Wohnbau GmbH, Mitte: Heinrich Raderschall

1972 beteiligten wir uns an dem Wettbewerb BUGA Bonn und erhielten mit einer Stimme Abstand den 2. Preis. Wir wurden mit dem 1. Preisträger Hans-Jakob aus München zusammengespannt. Uns wurde die Federführung übertragen. Ein Jahr später legten wir den Vorentwurf vor, der vom Rat der Stadt genehmigt wurde … Es wurde mit Stückwerk und Umwegen begonnen, ohne klare Ziellinie, deshalb bat ich um Entlassung aus dem Team. Beschränkung auf einen Mustergarten. Unser Büro plante und baute in Verbindung mit den Firmen, die uns schon viele Jahre begleiteten, ein Musterbeispiel nach Frei Otto „Naturstein und Garten" und erhielt viele Preise.

Schon in den 60er Jahren erhielten wir gute bleibende Kontakte zu den Städten Meckenheim, Rheinbach und Bad Münstereifel, und betreuten dort durch besonderen Einsatz von Herrn Möhrer später fast alles, was mit Grünanlagen zu tun hatte …

In Bad Münstereifel gewannen wir den Wettbewerb Kurgarten und konnten die reizvoll über der Stadt liegende Anlage bauen und durch einen steilen Abgang direkt mit der Innenstadt verbinden. Bei der Einweihung 1976 konnte ich sagen: „Als ich vor genau 50 Jahren in Ihrem altehrwürdigen Michael-Gymnasium eingeschult wurde, wusste ich nicht, dass ich Ihnen heute den Kurgarten übergeben würde."

Wie in Bad Münstereifel hatten wir auch bei anderen Wettbewerben Erfolg. So beim Schulzentrum Meckenheim-Merl mit großen Sportanlagen, in Lüdenscheid und viele mehr. Daher gingen wir mit einem guten Auftragsbestand in die große Rezession mit Ölkrise Anfang bis Mitte der 70er Jahre und konnten unser Team halten. Es war ohnehin unser Bestreben, nicht mehr Aufträge zu holen, als wir mit unseren zehn Diplom-Ingenieuren und fünf bis sieben Mitarbeitern zuverlässig abwickeln konnten.

Mit zunehmendem Verkehr in den Innenstädten wurden die Themen Verkehrsberuhigung und Fußgängerzone aktuell. Hier konnten wir mit Erfolg über lange Jahre wirken, in Bonn Remigiusstraße und Römerplatz, die kleinen Altstädte von Rheinbach, Meckenheim, Bad Münstereifel, Hilchenbach und Neustadt planen und stufenweise in der Durchführung überwachen.

Ein weiteres Thema war der Ausbau der Hochschulen. Beginnend in Bonn mit den Instituten, der Uni-Bibliothek und der Pädagogischen Hochschule, der Hochschule Saarbrücken und der Fernuni Hagen, Pharmazeutisches Institut …

Ab 1981, nach meinem 65. Geburtstag, bis zum 70. Geburtstag 1986 überließ ich die Verantwortung meinen Partnern Möhrer und Peters … Mich persönlich beschäftigte zunehmend mein kleiner Steinbruchpark im Siebengebirge, für den ich mehr Zeit gewann. Hier konnte ich – beginnend 1960 – mit einfachen Mitteln aus einer idyllisch gelegenen Wildnis aus Berg und Tal im Laufe der Jahre eine schöne Naturanlage schaffen. Dies war über Jahre mein Gesundbrunnen, in den ich mich oft in schweißtreibender Arbeit zurückziehen konnte. Mein berufliches Experimentierfeld!

Mit meinem 70. Geburtstag 1986 hatte ich laut Vertrag mit meinen beiden Partnern auszuscheiden. Herr Möhrer und Herr Peters baten mich jedoch, in meinem offenen Raum weiter mit Rat und Tat, so wie es mir zusagte, dabeizubleiben ...

So erlebte ich die weiteren Entscheidungen und Fortschritte, das Entstehen der Objekte Zanders Papiere in Gummersbach, die große Erweiterung der Friedrich-Ebert-Stiftung in Bonn, den Ausbau des Firmensitzes Haniel, den weiteren Ausbau der Uni Hagen, die Telekom-Bauten in Bonn-Beuel, die Arbeitsamt-Schulungsstätte in Iphoven und vieles mehr. Ich betreute weiter die Stadt Bad Münstereifel mit all ihren grünen Problemen und den Ausbau des Schleidparkes.

1990, im Jahr nach der Wende, wechselte Herr Ahrendt, Stadtdirektor von Bad Münstereifel mit seinem Bauamtsleiter Hamacher als Bürgermeister nach Hoyerswerda in Sachsen. Bei seinem Abschied kündigte er an, bald meinen Rat in Hoyerswerda zu benötigen, und so bat er mich im Sommer 1990 nach Hoyerswerda zu kommen, zu den vielen dort anstehenden Grünproblemen. Hoyerswerda hatte sich von einer kleinen überschaubaren Altstadt mit ca. 5.000 Einwohnern seit 1945 zu einer Schlafstadt des nahen Braunkohleabbaus „Schwarze Pumpe" mit ca. 70.000 Einwohnern in hässlichen engen Wohnquartieren mit vier bis später elf Geschossen in Plattenbauweise entwickelt. Ich konnte in Ruhe – unter Führung von Herrn Hamacher – das Stadtgebiet erkunden und regte an, dass Grünplaner des dortigen Bauamtes für vier Wochen in unserem Büro arbeiten sollten, um so westdeutsche Lösungen und Erfahrungen praktisch zu erleben und zog mich selber mit Stadtplänen und anderen Unterlagen für 10 Tage in Klausur zurück nach Grisbach ...

Im Sommer 1994 konnten die ersten Kindergärten, Schulen, ein sanierter Wohnblock übergeben und eine große Jugendfreizeitanlage eingeweiht werden. Die umliegenden Städte wurden unter Anregung und Teilnahme des Ministeriums nach Hoyerswerda eingeladen zur Planschau unserer vielen Vorstellungen. Frau Loerke und Frau Gerardi konnten dem Rat den Grünordnungsplan als Vorstufe zum Landschaftsplan vortragen und übergeben. Ich war sehr glücklich darüber, dass ich diese interessante Arbeit noch einfädeln und die positive Entwicklung durch meine Partner miterleben konnte. Über Hoyerswerda hinaus führten die Kontakte der Partner zu Planungen weiterer Objekte in den neuen Bundesländern. So für eine große Golfanlage, die Staatskanzlei in Potsdam sowie Grünanlagen bei Bautzen, in Halberstadt und in Meißen.

Seit Beginn des Büros planten wir für den Jahresbetriebsausflug anregende, oft mehrtägige, Fahrten zu interessanten Anlagen im In- und Ausland, so Ende der 50er Jahre und Anfang der 60er Jahre in die Schweiz zur G-59 nach Zürich ... In Deutschland waren die BUGAs Ziel unserer Fahrten, später die Landesgartenschauen ... Dabei wurden historische Bauten, Gärten und Parke einbezogen. Es war für mich in den späten Jahren ein großes Vergnügen, diese Ausflüge auf Wunsch der Partner sorgfältig zu planen und die Freude groß, die Begeisterung der Mitarbeiter über das Geschaute und Erlebte zu sehen.

Ausweitung und **Verlagerung**

In den 1980er und 1990er Jahren wird die Diversifikation immer größer. Heinrich Raderschall zieht sich altersbedingt langsam zurück. Carl Möhrer und Friedrich-Wilhelm Peters übernehmen die gestalterische Leitung. Zentrale Themen der Zeit sind die Aufwertung der Innenstädte sowie Stadtsanierungen in West- und Ostdeutschland. Außerdem stellt die Freizeit-Gesellschaft neue Anforderungen an den Freiraum. Attraktivität und hohe Aufenthaltsqualität, Renaturierung und Ökologie führen zu einer Verbreiterung des Tätigkeitsspektrums. Die Gestaltung der Landschaftsarchitekturen ist demnach sehr vielseitig und vielgesichtig.

1962-1967

Hofgarten Bonn

Bonns zentraler Freiraum ist ein weiterer Meilenstein in der Bürogeschichte. Er ist das Bindeglied einer Grünspange vom Bahnhof bis zum Rhein – in Abschnitten, aber insgesamt gestaltet von RMP Landschaftsarchitekten.

4X11

1976

Römerbad Bonn

Ein innerstädtisches Schwimmbad ist mehr als große Wasserbecken. Starke Geometrien rundum schaffen formale Gegengewichte, aus denen, wie selbstverständlich, besondere urbane Freiraumerlebnisse resultieren.

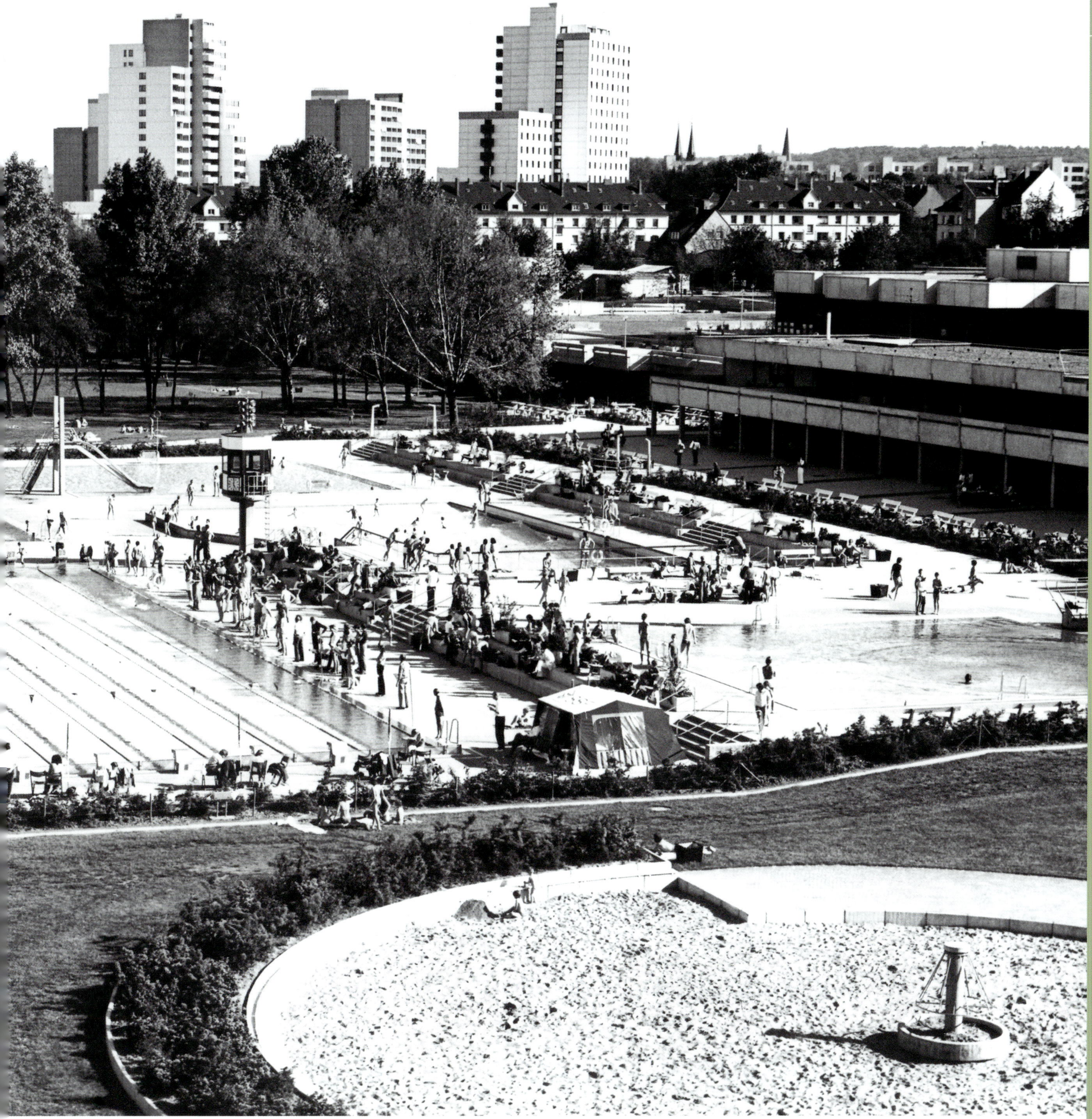

1973-1978

Freizeitpark Rheinbach

Die Qualität von Landschaftsarchitektur für Freizeit, Spiel und Erholung liegt manchmal in der gestalterischen Zurückhaltung. Es bedarf nur der Öffnung für den Menschen.

115 4X11

1973-1976, 1977-1979

Kurgarten Wallgraben Bad Münstereifel

Die extreme Topografie der Eifelstadt erfordert starke Eingriffe, über die große Landschaftserlebnisse gewonnen werden – im Kleinen wie im Großen.

1979-1982

Waldfriedhof Heiderhof Bonn

Mächtige Wälder und weitläufige Wiesen sind aus sich heraus poetische Orte. Mittels sanfter Akzentuierungen werden alle Sinne erreicht.

Waldfriedhof Heiderhof Bonn

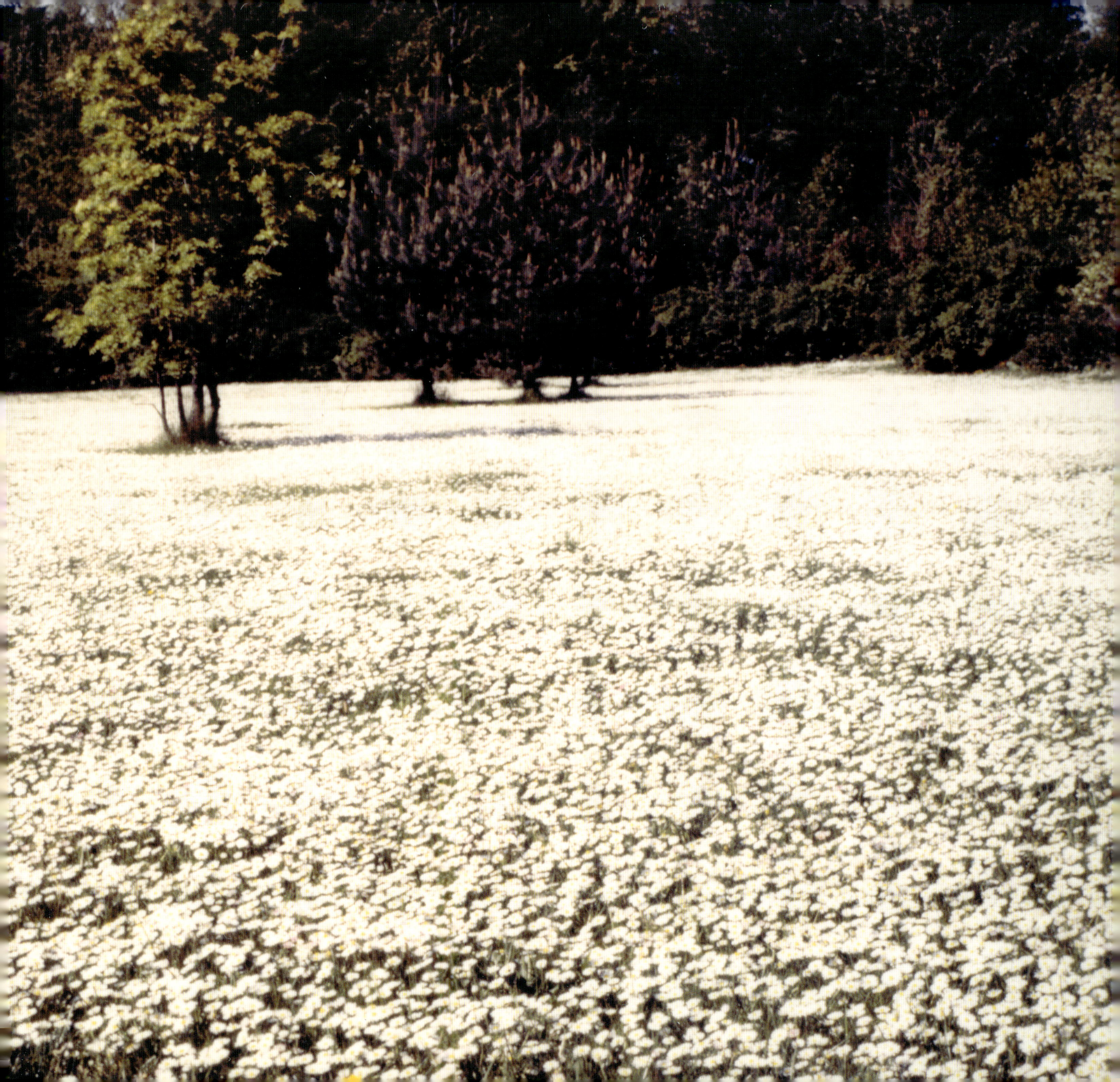

1975–1982

Kreishaus Siegburg

Über kraftvolle Grüninterventionen werden funktionale Großstrukturen in den städtischen Maßstab integriert.

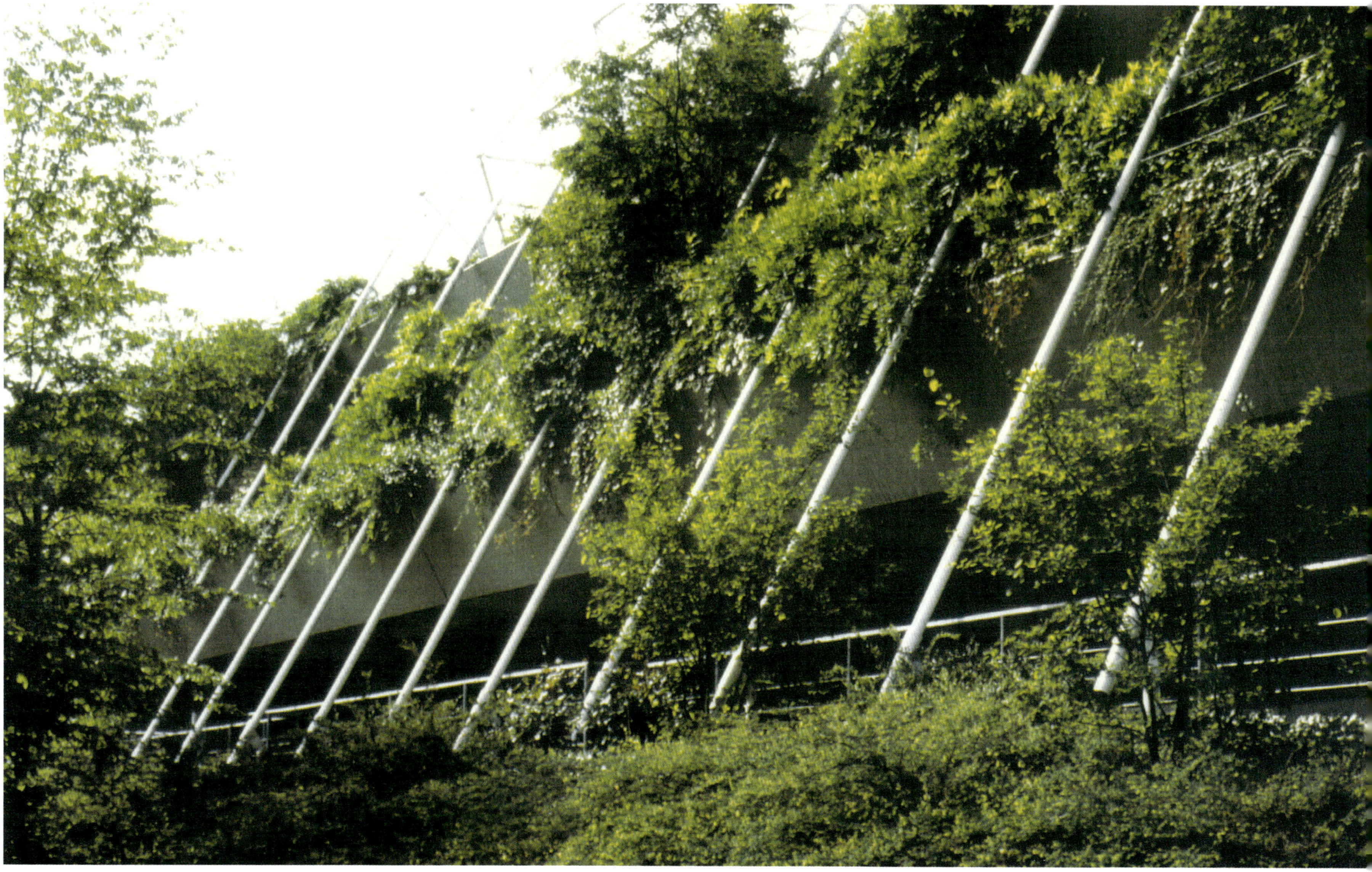

1992–2003

Staatskanzlei Potsdam

Um dem historischen Erscheinungsbild der denkmalgerecht wieder hergestellten Fassade Geltung zu verschaffen, tritt die Grünraumgestaltung in die ornamentale Reihe zurück.

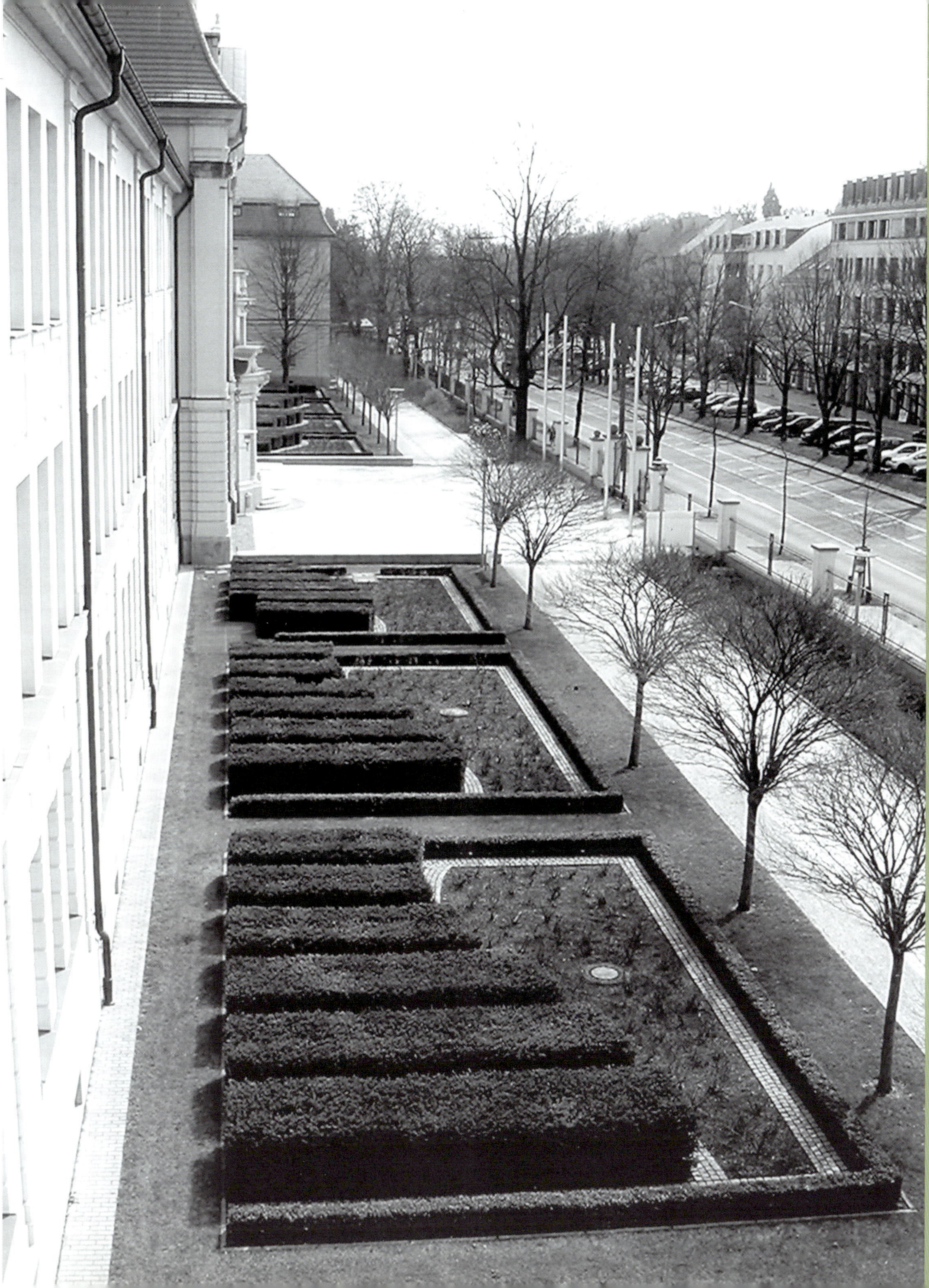

1992-2001

Grüne Infrastruktur Hoyerswerda

Gesamtplanungen zeigen ihre Qualitäten im Detail. Stadt wird lebenswert durch funktionale Anlagen für Freizeit und Sport und naturnahe Grünräume im Nahbereich von Wohnen und Arbeiten.

127 4X11

1978–1981

Westfälische Klinik Hemer

Anreize zum Sehen, Riechen, Hören, Spazieren und Verweilen – ergänzende Potenziale zur Genesung des Patienten.

1998-

Städtisches Klinikum Brandenburg

Moderne Welten leben durch moderne Formen und Begrünungen. Funktionalität wird hervorgehoben durch akzentuierte Topografie und strenge Bepflanzungen.

1980–1982, 1985, 1995–

Großkläranlage Salierweg Bonn

Landschaft auf die Architektur gebracht – durch die grüne Haube erhält das Funktionsbauwerk eine attraktive Identität, die Stadt eine markante Ergänzung in der Silhouette.

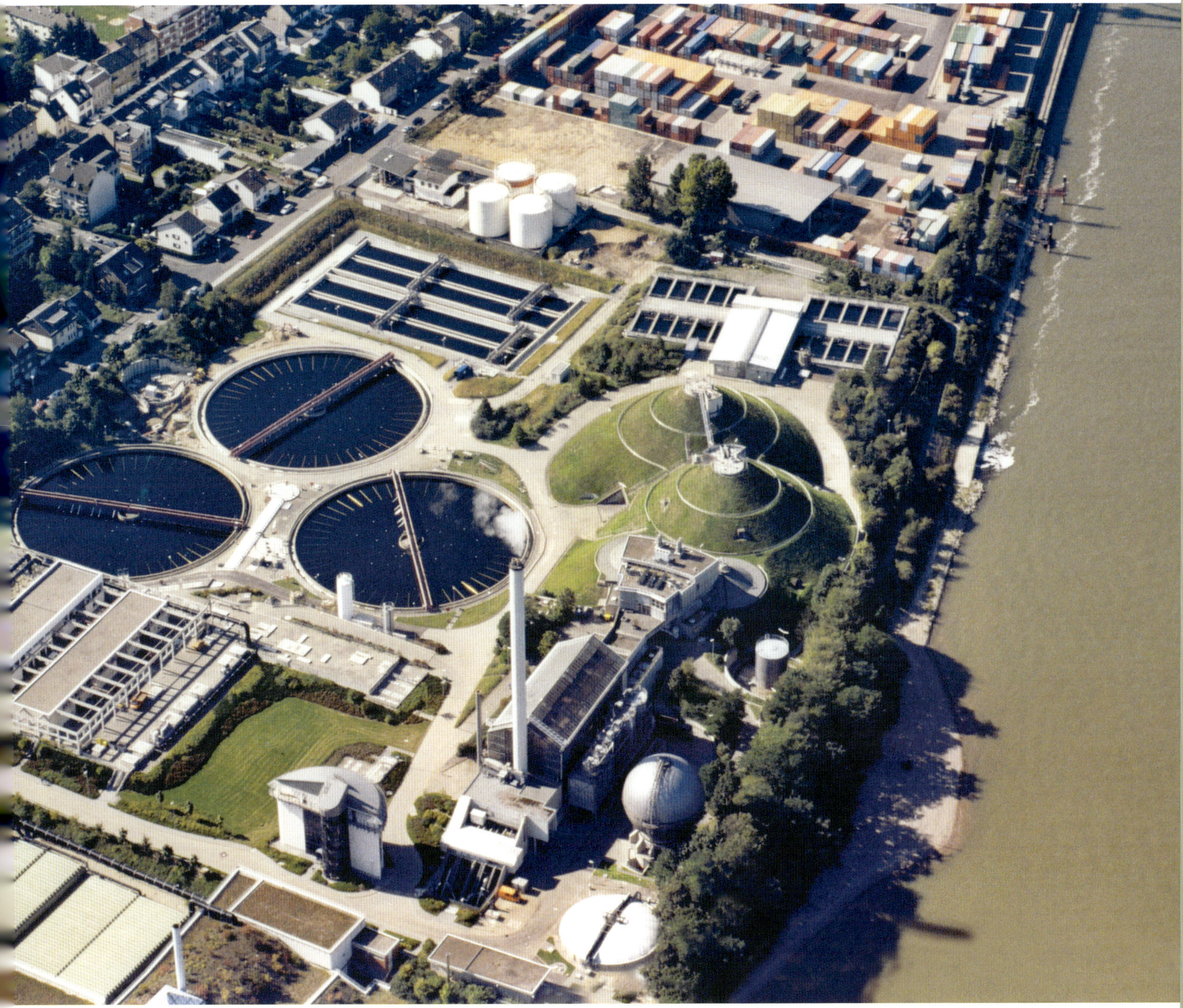

STEFAN LEPPERT FACHJOURNALIST LANDSCHAFTSARCHITEKTUR

Bauen, mit Verstand
Landschaftsarchitektur vor und nach dem Dycker Feld

Kurz bevor ich den Titel des Buches erfuhr, machte ich auf einer Reise durch Frankreich Halt an den Gärten von Schloss Villandry. Von einer hochgelegenen Waldlichtung hat man einen vorzüglichen Blick auf die großzügige, weltbekannte Anlage, in der Gemüsegarten, Ziergarten und Wassergarten akkurat modelliert auf drei Ebenen liegen. Zwei Herren, die offensichtlich mit dem Geschäft der Gartenarchitektur vertraut waren, saßen in dieser Waldlichtung alemannisch parlierend auf einer Bank. Das könne man heutzutage ja wohl nicht mehr bringen. Hektarweise schöne Naturlandschaft unter das Diktat von Zirkel und Lineal zwingen, undenkbar, auch wenn noch soviel Geld vorhanden sei. Verbände und Ämter würden nur darauf warten, um ihrer Pflicht zum Naturschutz nachzukommen und die schönsten Ideen mit Paragraphen zu tilgen, so der Eine. Das sei vielleicht wahr, bemerkte der Andere knapp und anscheinend etwas gelangweilt, aber das Problem fange ganz woanders an. Es fehle zunächst an Auftraggebern, die so etwas wie in Villandry überhaupt schätzten, geschweige denn verstünden. Geld und Gesetz ließen sich schon zu einer Allianz verschmelzen, allein an Sinn und Verstand würde es mangeln. Meine Reise fand einen weiteren Zwischenstopp in Schloss Dyck im Braunkohlenrevier nordöstlich von Aachen. Dort hat das Büro RMP Landschaftsarchitekten das Dycker Feld mit Chinaschilf bepflanzt und im Schutz dieser Miscanthuswände vereinzelt Gärten ausgestanzt. Als ich vor den schnurgerade angelegten, gewaltigen Miscanthuspaketen stand, fielen mir die beiden Herren aus Villandry wieder ein. Wohl liegen die Anknüpfungspunkte zunächst in den fünf Wörtern, die dieses Buch betiteln. Auch an brütend heißen Tagen wie diesem Ende Juli kommen Menschen aufs Dycker Feld, auf dem es kaum Schatten gibt, stehen vor den weiten Fluchten, schauen erst einmal und lassen ihre Sinne „vom Architektonischen in der Landschaft" reizen. Während man den alten Landschaftspark nebenan durchschlendert, bedeutet das Dycker Feld eher eine Aufgabe. Und eine Aufgabe verlangt nach Verstand. Verstand, der zweite Anknüpfungspunkt, das Wort war in Villandry gefallen. So wie uns in Villandry die formale Ordnung der Gesamtkomposition beschäftigt und das Auge gleichsam dem schnurgerade aufgereihten Rotkohl und anderem Gemüse folgt, so bahnt sich auch im Dycker Feld unsere Neugier über alle Maßstabsgrenzen hinweg ihren Weg.

Sicherlich ist Dyck für unser Land und unsere Zeit herausragend, wenn wir Arbeiten von Landschaftsarchitekten suchen, die utopisch anmuten und dennoch solide und zukunftsfähig verankert sind. Zukunft wäre arm ohne Utopien, ohne Verstand und Bildung indes kaum zu bewältigen.

Wenn RMP Landschaftsarchitekten und Stephan Lenzen mit diesem Buch ein Jubiläum markieren, fällt der Blick in eine Zeit zurück, in der die Utopie vom raschen Aufbau zerstörter Städte und Freiräume dieses Landes einem hoffnungsvollen Realismus wich. Jugend und frische Gedanken erzeugen, zumindest beleben sie Hoffnung, was auch für die Planung und die Planerszene der Nachkriegszeit galt, die ja unter einer eher konservativen Meinungsführerschaft stand. Zu den jungen Planern gehörte zu Beginn der 50er Jahre auch Heinrich Raderschall. Heute ist Stephan Lenzen so alt wie Heinrich Raderschall, als dieser das Büro gründete und gehört nun zu den jungen Planern, die mit Kommunen, Unternehmen und Privatiers freien Raum gestalten.

Sicherlich haben sich die Zeiten geändert. Die Aufgaben werden zwar nicht zahlreicher, aber vielfältiger und komplizierter, sie warten nicht mehr vor Ort auf den Planer, sondern wollen in der Region, im ganzen Land, in Europa, ja weltweit herangeholt werden. Planungsfristen schrumpfen, geben Planern und Bauherren weniger Zeit zur Auseinandersetzung. All dies ist nicht unbedingt förderlich für die Baukultur. Was in der Nachkriegszeit, ja sogar vor Jahrhunderten schon dem Beruf des Garten- und Landschaftsarchitekten zu eigen war wie nur wenigen, hat sich erhalten, möglicherweise noch ausgeweitet. Stephan Lenzen und alle seine Kollegen bewegen sich in einem Berufsfeld, das aufgrund seiner mittlerweile rekordverdächtigen Aufgabenvielfalt mit einer Unmenge anderer Disziplinen vernetzt ist. Der Landschaftsarchitekt muss die Ergebnisse seiner Arbeit mit vielerlei Maß messen lassen. Seine Produkte müssen schön, zweckmäßig, preisgünstig sein, sie müssen passen, halten und sicher sein. Kurzum, sie müssen zukunftsfähig sein und an der Zukunft fühlen sich Viele beteiligt.

Bestehen kann die Geistesgymnastik des mehrfachen Spagats nur, wer Meinungen mit Herzblut und zudem einer fast schon berufsspezifischen Bescheidenheit vertritt, um die man schlecht herumkommt. „Der Gärtner", was den studierten Planer meint und dieser demütig (und stolz!) zur Kenntnis nimmt, muss gewandt genug sein für ein gepflegtes Gespräch mit dem Staatssekretär wie für ein gepflegtes Bier mit dem Baggerführer.

Wir kommen erneut beim Verstand raus. Auch wenn es wie eine Binsenweisheit anmutet: Sicherheit verleiht auf dem unterschiedlichsten, häufig rutschigen Parkett vor allem Verstand, sagen wir Bildung. Damit ist Know-how gemeint, das beim Handwerk beginnt, auf Erfahrung beruht und sich ins Akademische verzweigt. Und neben diesem beruflichen Know-how muss man, auch wenn es altbacken klingen mag, wohl auch die allgemeine Bildung nennen. So weise ich hier gerne auf den Architekturkritiker Manfred Sack und sein schönes Büchlein „Wie entsteht gute Architektur?" hin, in dem er den Geschmack (von Planern und vor allem von Bauherrn) nicht etwa als Gefühlsduselei, sondern auf Wissen und Unterscheidungsmerkmalen basierend kennzeichnet. Bildung über das Architektonische in der Landschaft in unseren Schulen – hier macht Sack die große Lücke im Bildungssystem aus. Wir nähern uns wieder Villandry, der Waldlichtung, den beiden Herren und nun auch dem Bauherrn, dem spanischen Arzt Joachim Carvallo. Dieser ließ den Garten nach dem Kauf der heruntergekommenen Anlage 1906 im Stile des einstigen italienischen und französischen Renaissancegartens rekonstruieren. Vorher bildete er sich, um mit Theoretikern und Praktikern auf Augenhöhe verhandeln zu können. Und er dachte über jahrhundertealte Vermächtnisse hinaus, wagte Neues im alten Ensemble und führte es zu einem gelungenen, zukunftsfähigen Gesamtergebnis. Ein Bauherr mit Verstand und Anspruch, neugierig und vor allem im Besitz von gutem Geschmack. Und wieder sind wir im Dycker Feld. Hier fanden die Landschaftsarchitekten offenkundig einen Bauherrn, der Utopie nicht mit Spinnerei verwechselte, Verstand walten ließ und das Miscanthusthema nach Form und Inhalt beurteilte.

Architektur, Stadtplanung, Landschaftsarchitektur sind immer wieder aufgerufen, nach Utopien, nach Idealen zu suchen. Möglicherweise werden die kommenden Jahre und Jahrzehnte mit Überraschungen aufwarten, die heute noch utopisch scheinen. Könnte sein, dass sich dem Stichwort Zukunftsfähigkeit völlig neue Aspekte hinzufügen. Die Zukunft unser Umwelt bleibt spannend, die Arbeit von Landschaftsarchitekten und von RMP Landschaftsarchitekten damit auch – und mitunter auch mühevoll. Empfehlung: Zwischendurch mal in Villandry anhalten. Und in Dyck.

Neufindung und Aufbruch

Kurz nach der Jahrtausendwende wird mit der Übernahme des Büros durch Stephan Lenzen die nunmehr dritte Bürophase eingeläutet. Das Büro behält sein Standbein in der Region Bonn, doch ist durch die europäische Marktliberalisierung ein verstärktes Engagement über die bisherigen Wirkungskreise erforderlich. Wettbewerbserfolge für international beachtete Gartenschauen, anspruchsvolle Projekte im Objektbereich wie der Landschaftsplanung zeigen ermutigende Wege. Die Erneuerung geht einher mit einer Rückbesinnung auf das gestalterische Erbe von Heinrich Raderschall und dessen Weiterentwicklung. Haltung und Wiedererkennbarkeit, Charakter und Lebendigkeit durch die Dualität von Architektonischem und Pflanze sind wieder wesentliche Qualitäten für die Planer und damit auch die Nutzer von RMP Landschaftsarchitekturen.

2000–2002

Dycker Feld Jüchen

Ein Meer aus Chinaschilf, architektonisch in die Landschaft gesetzt.
Ein parc d'agriculture mit einer Komposition aus Dichte und Weite,
Konzentration und Offenheit, Werden und Vergehen.

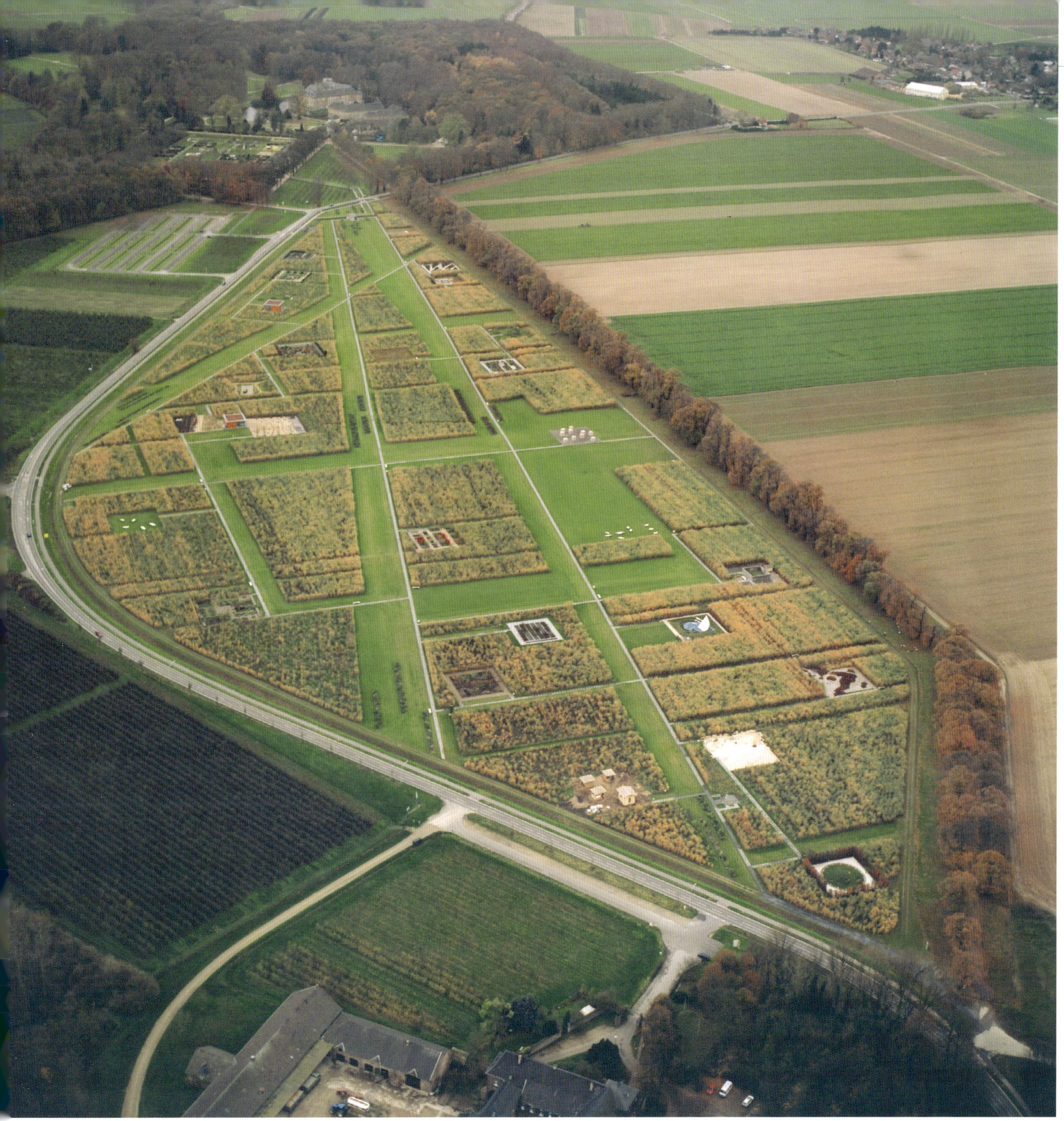

Dycker Feld Jüchen

141 5X11

2001–2002

Gärten in Dyck Jüchen

In die Feldstruktur eingelagerte quadratische Gartenräume sind im Frühjahr als positive Körper wahrnehmbar. Mit zunehmender Höhe des wachsenden Miscanthus werden diese zu Negativformen im Schilf. Monochromie und Geometrie setzen starke Kontraste.

143 5X11

Gärten in Dyck Jüchen

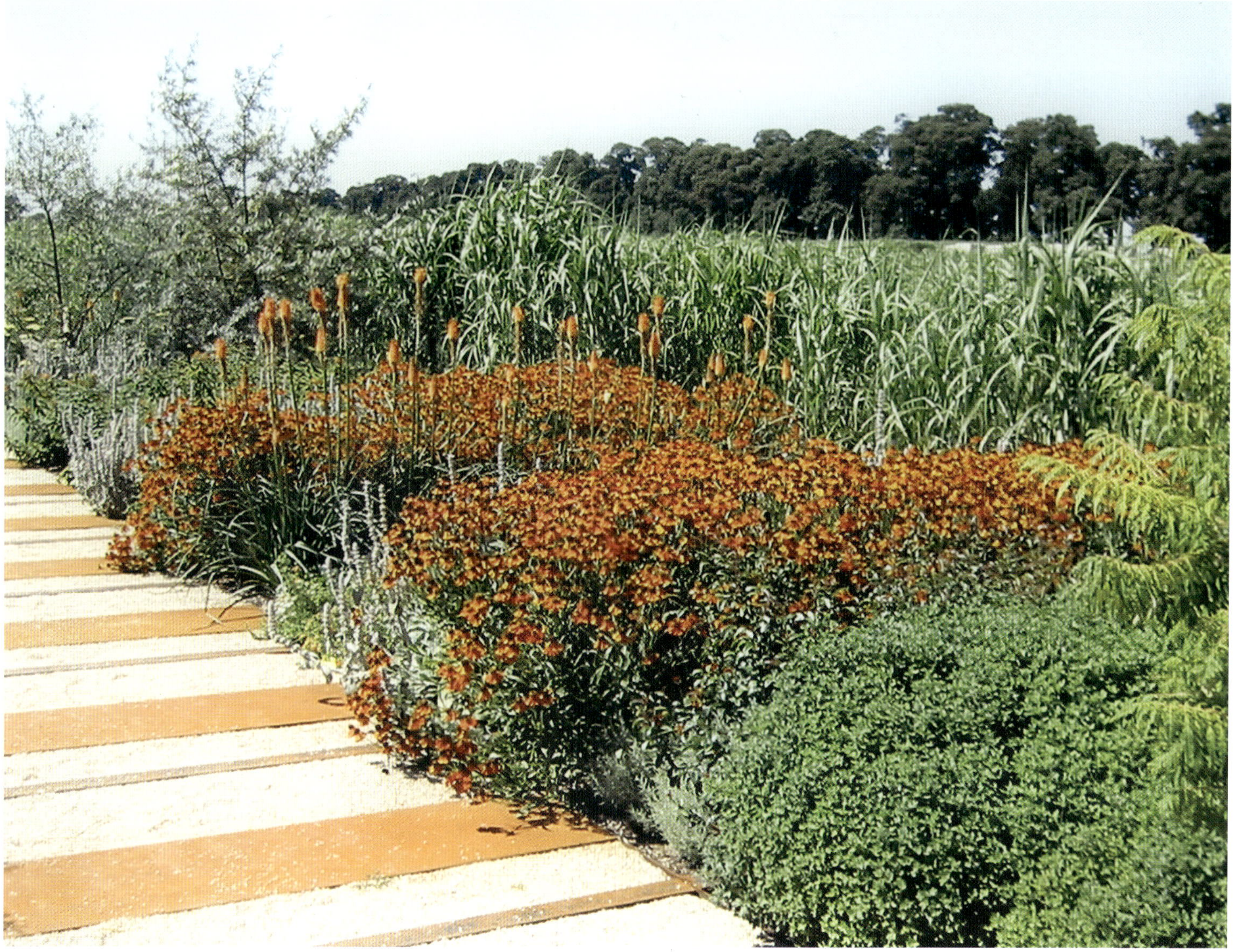

`2003-2005`

Platz der Vereinten Nationen Bonn

Die Verkehrslandschaft wird durch die Herausarbeitung der Topografie und die Überlagerung vegetativer Strukturen zu einem einzigartigen städtischen Ort.

Platz der Vereinten Nationen Bonn

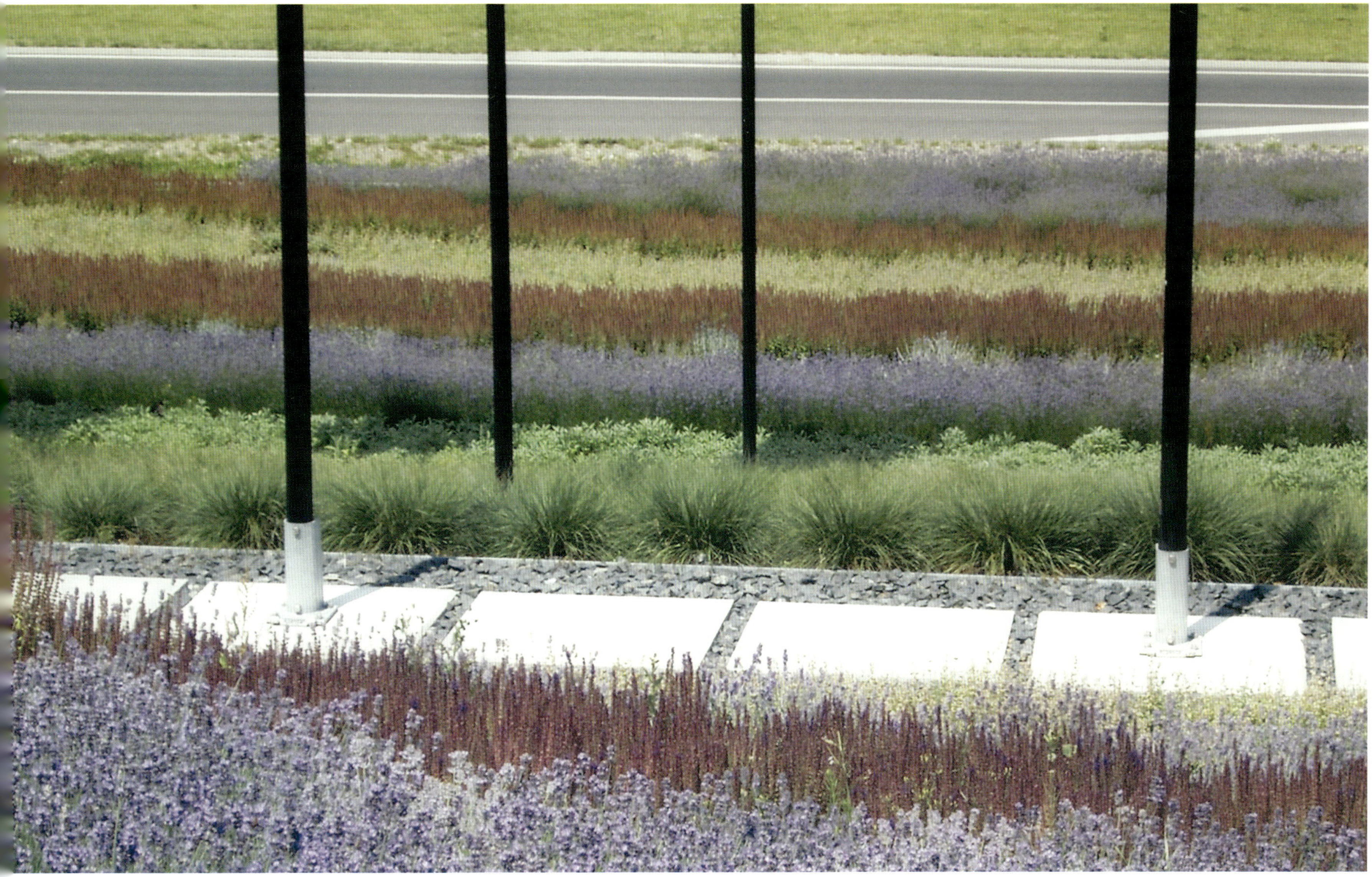

2002-2004

Zentrale T-Mobile 2 Bonn

Landschaft inmitten der Architektur. Innenhöfe werden zu freien Wasserflächen mit gefassten, runden Inseln und zu architektonischen Wasserkreisen in einer Gräserlandschaft.

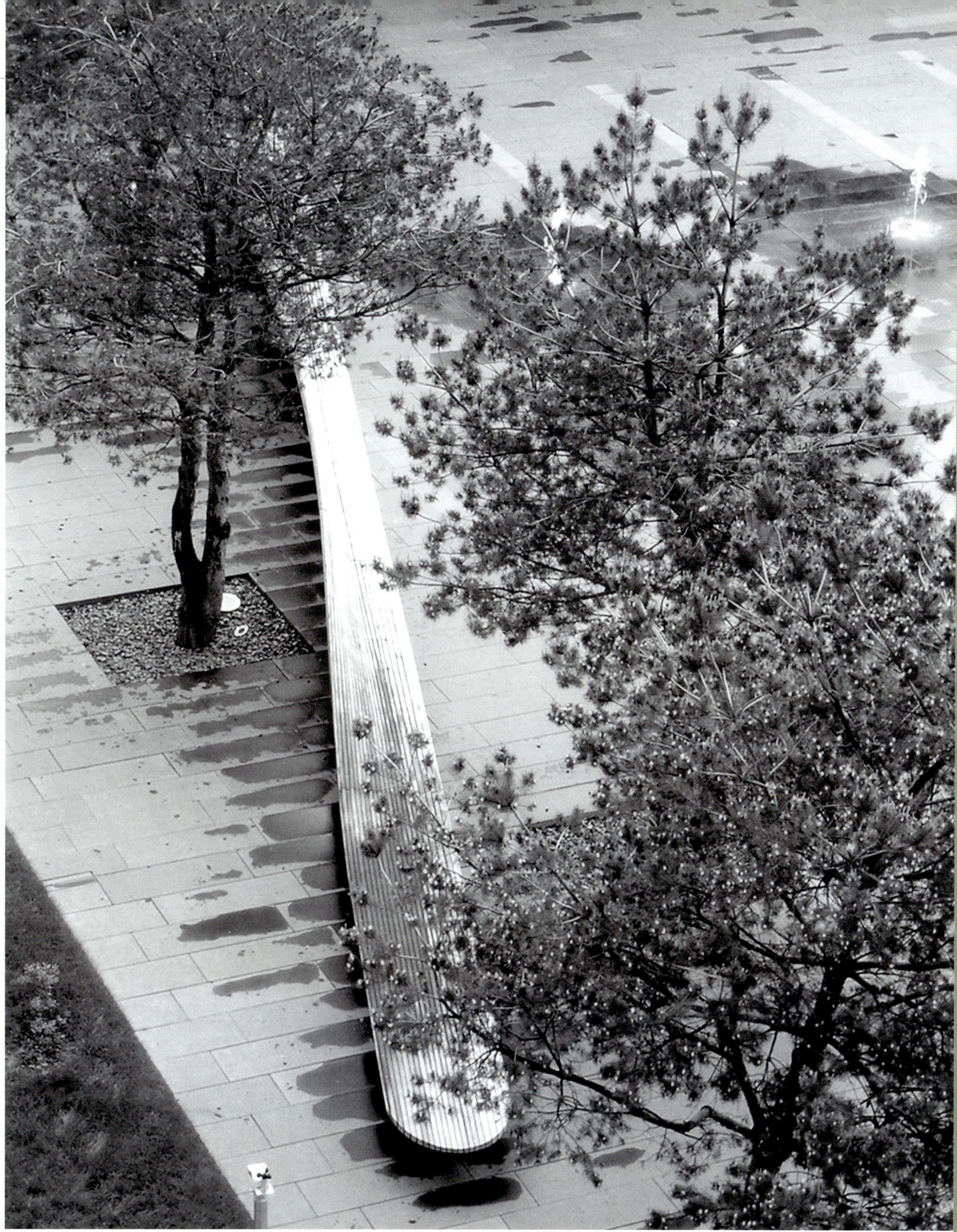

Zentrale T-Mobile 2 Bonn

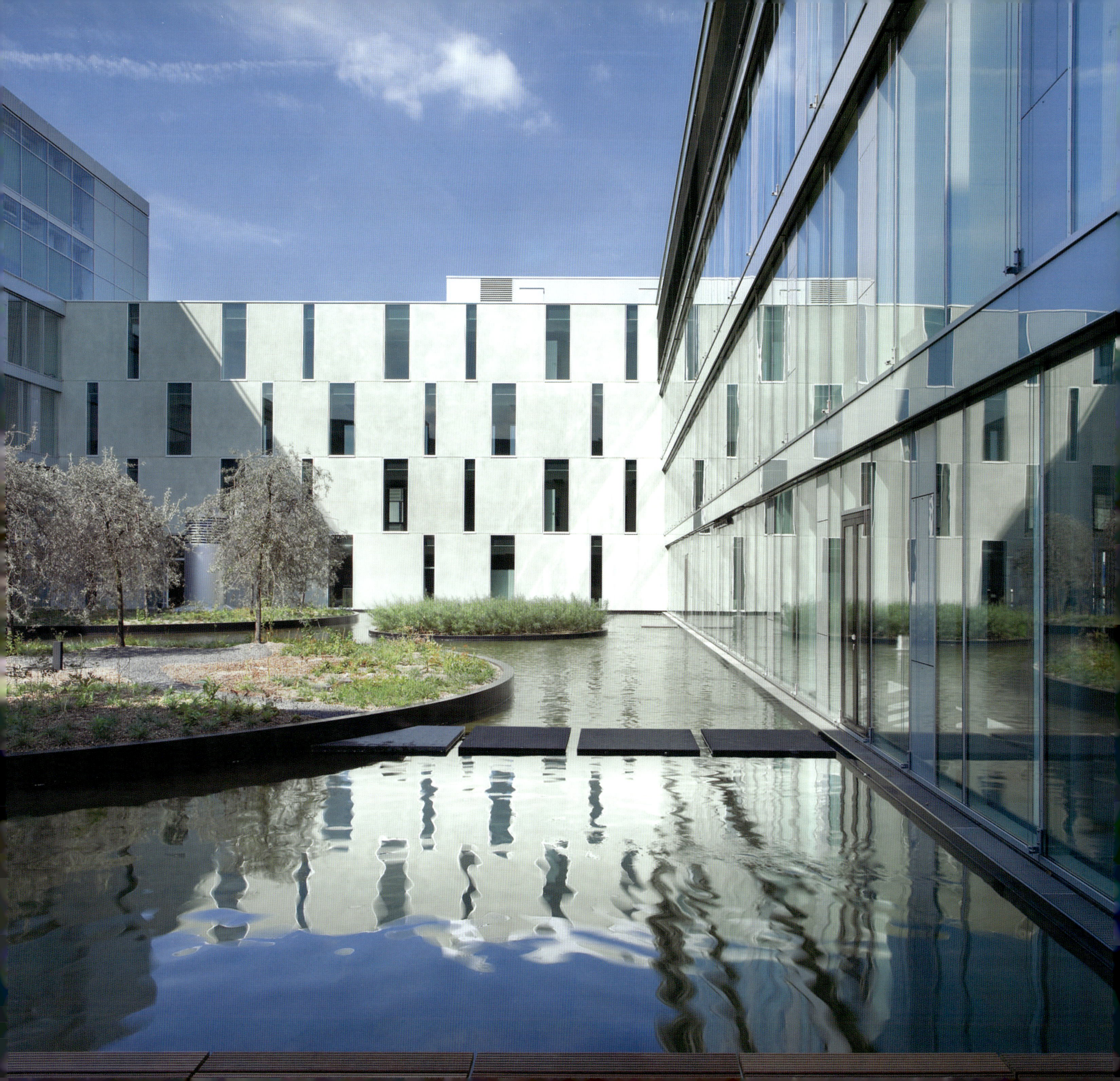

2003
Kindertagesstätte T-Mobile Bonn

Ästhetik und kindgerechte Außenfläche: akzentuiert gesetzte architektonische Elemente in einer freien Spiel-Landschaft.

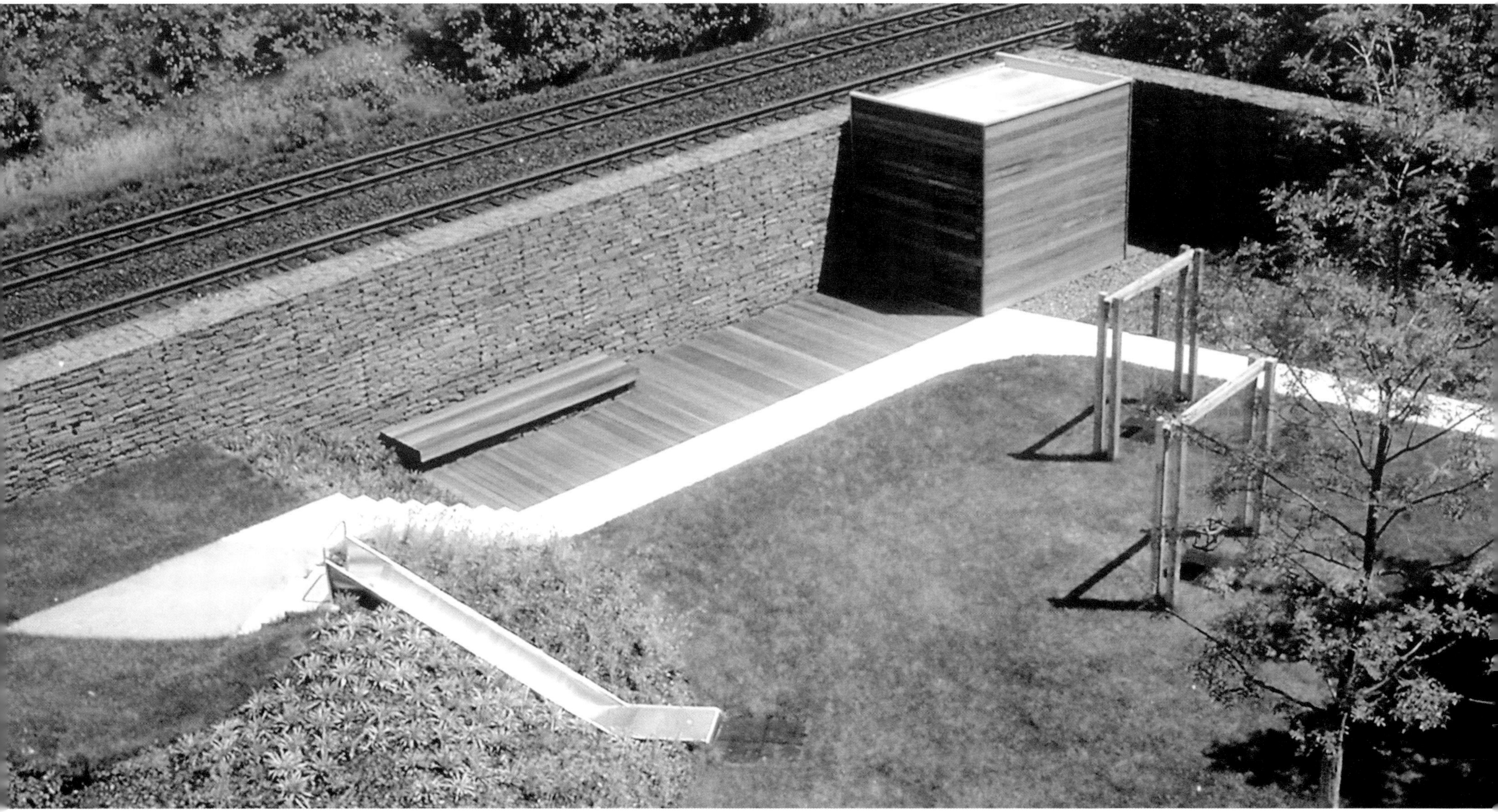

2001-2006

Johann-Gottfried-Herder-Gymnasium Köln

Polygonale Landschaftscluster auf einer gefalteten Fläche schaffen
einen ungewöhnlich vielseitigen und tektonisch akzentuierten Pausenhof –
hohe Qualität bei kleinem Budget.

157 5X11

2003

Masterplan emscher:zukunft
zwischen Dortmund und Dinslaken

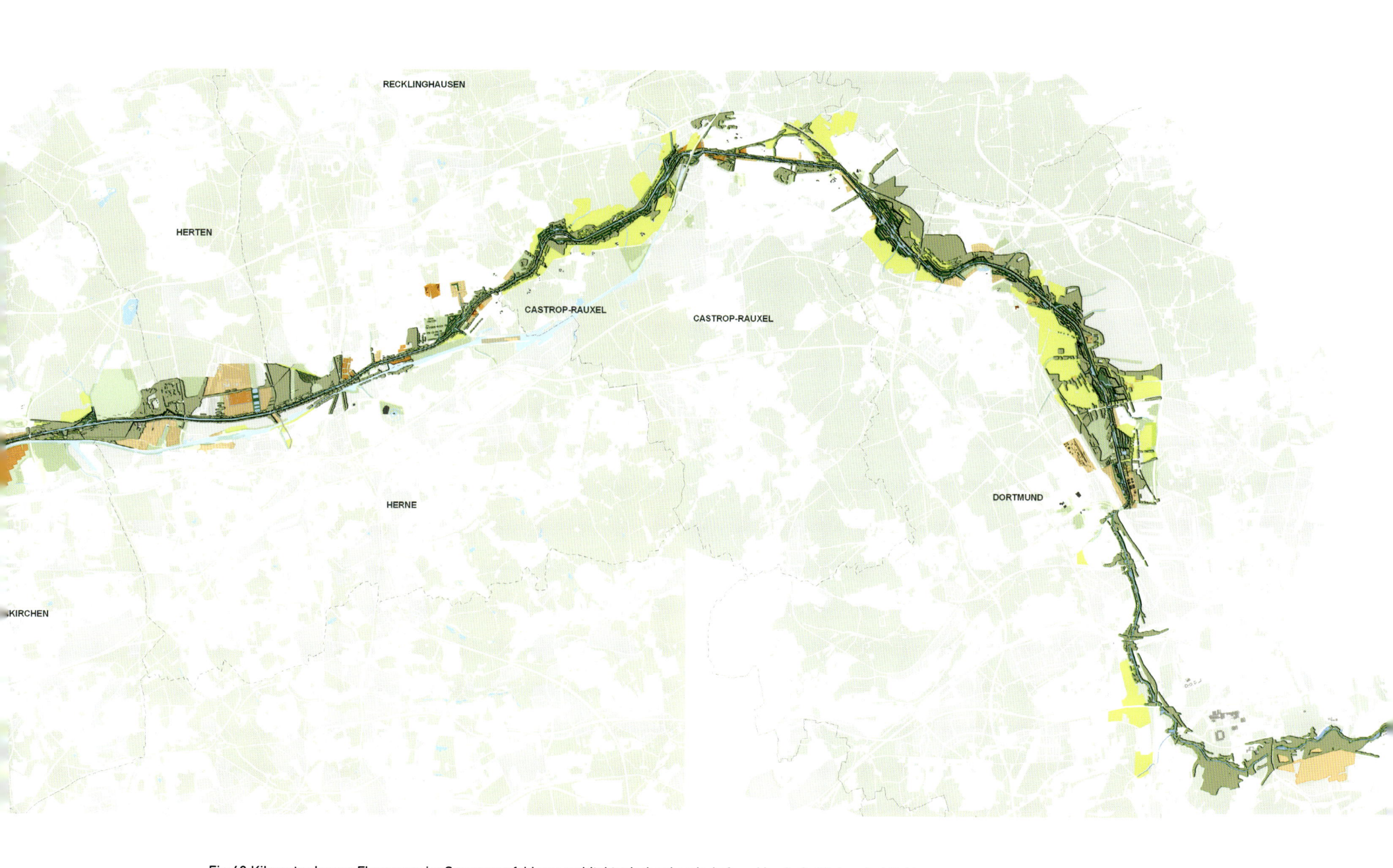

Ein 60 Kilometer langer Flussraum im Spannungsfeld von architektonischer Landschaft und landschaftlicher Architektur.

Masterplan emscher:zukunft
zwischen Dortmund und Dinslaken

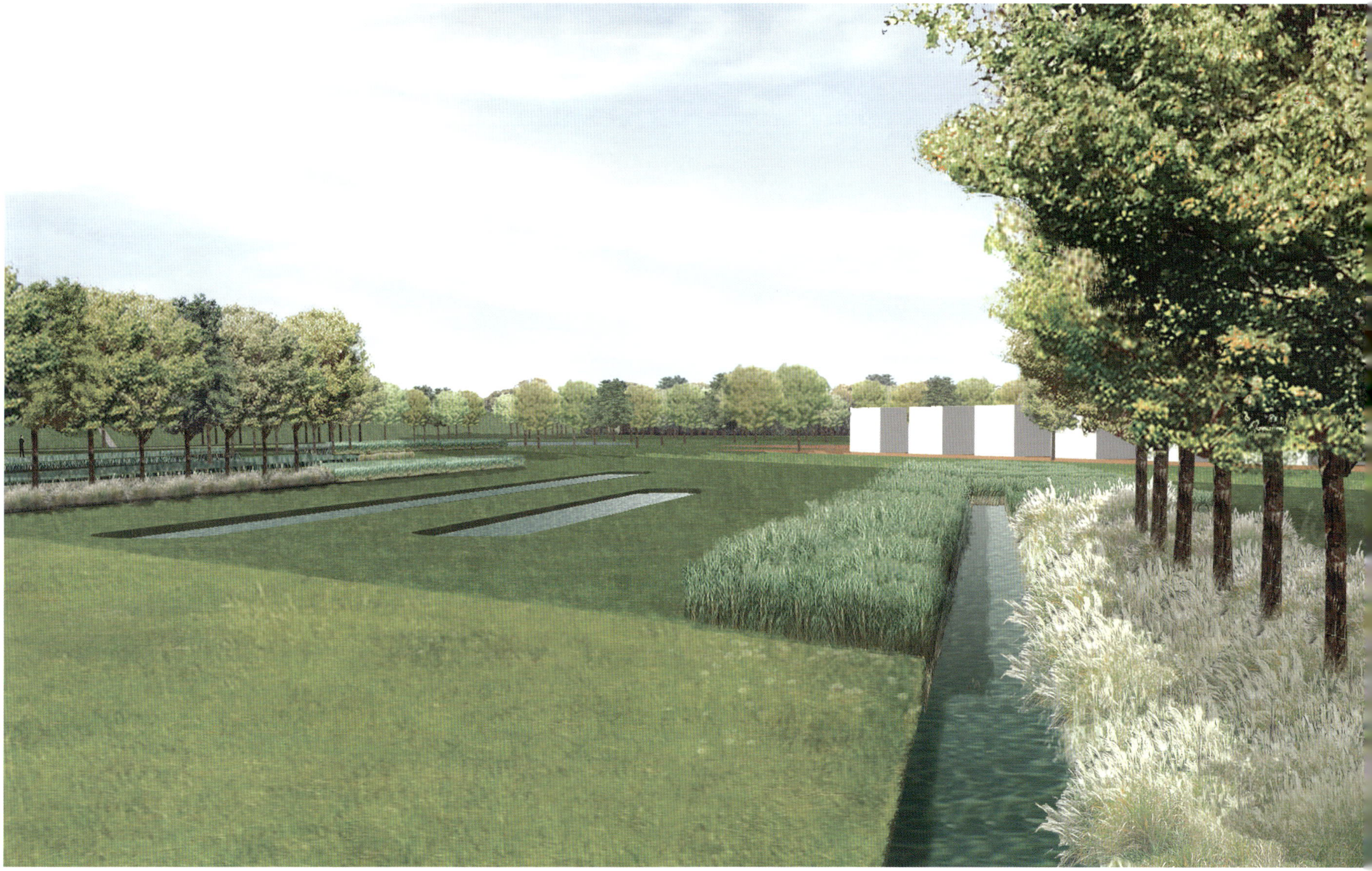

2005
Innenstadtentwicklung Remscheid

Der ehemalige Busbahnhof wird zu einem modernen und attraktiven Stadtplatz mit akzentuierten Kleinräumen und einem artifiziellen Hain.

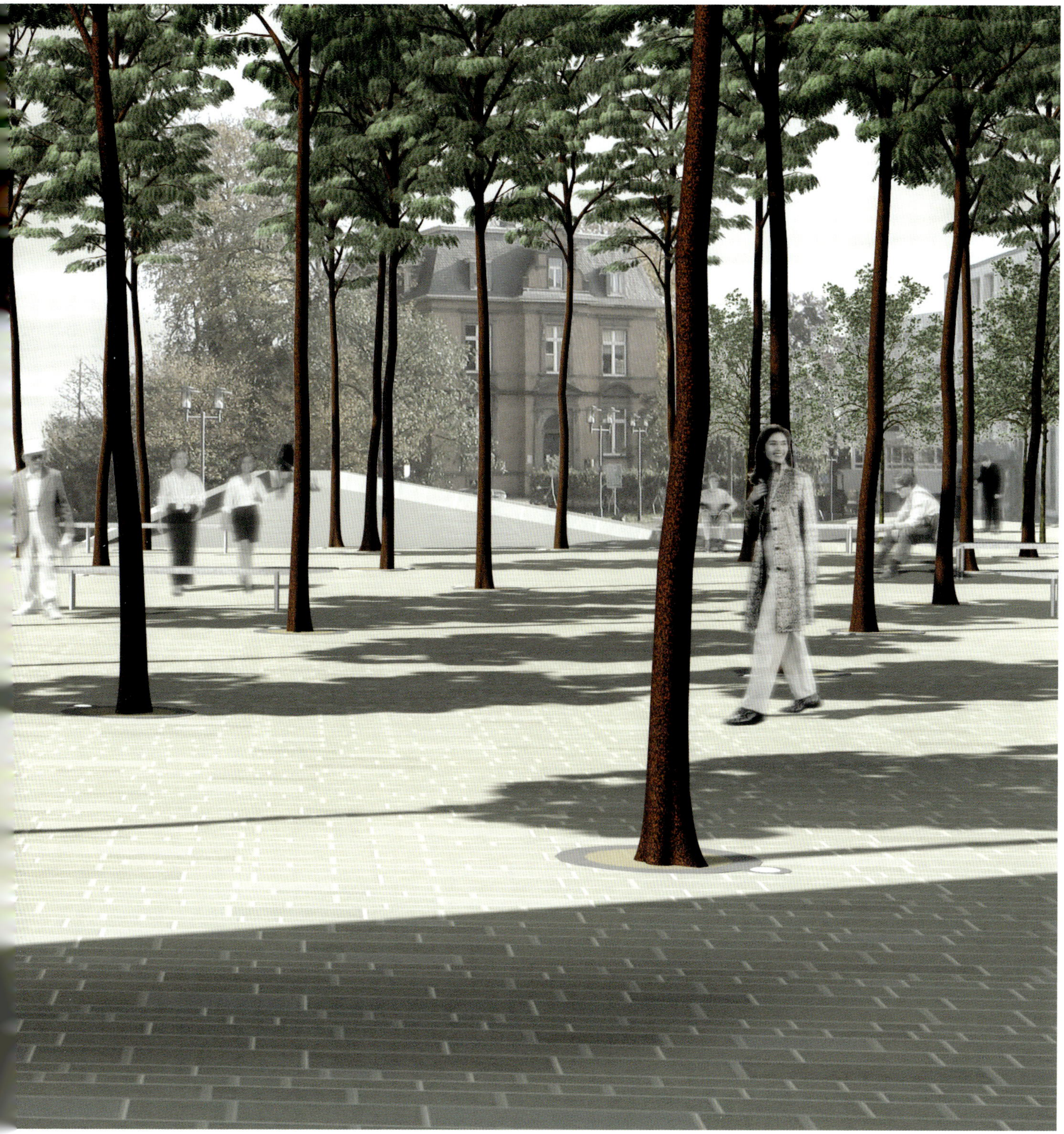

2006

Trajektknoten Bonn

Architektur auf der Landschaft. Die amorphen Solitäre stehen auf einer scheinbar durchgehenden Landschaftsebene aus Rastern und Pixeln – Bildpunkten, geformt aus unterschiedlich dichten Pflanzungen. Die Homogenität der Landschaft verstärkt den formalen Anspruch der Gebäude.

165 5X11

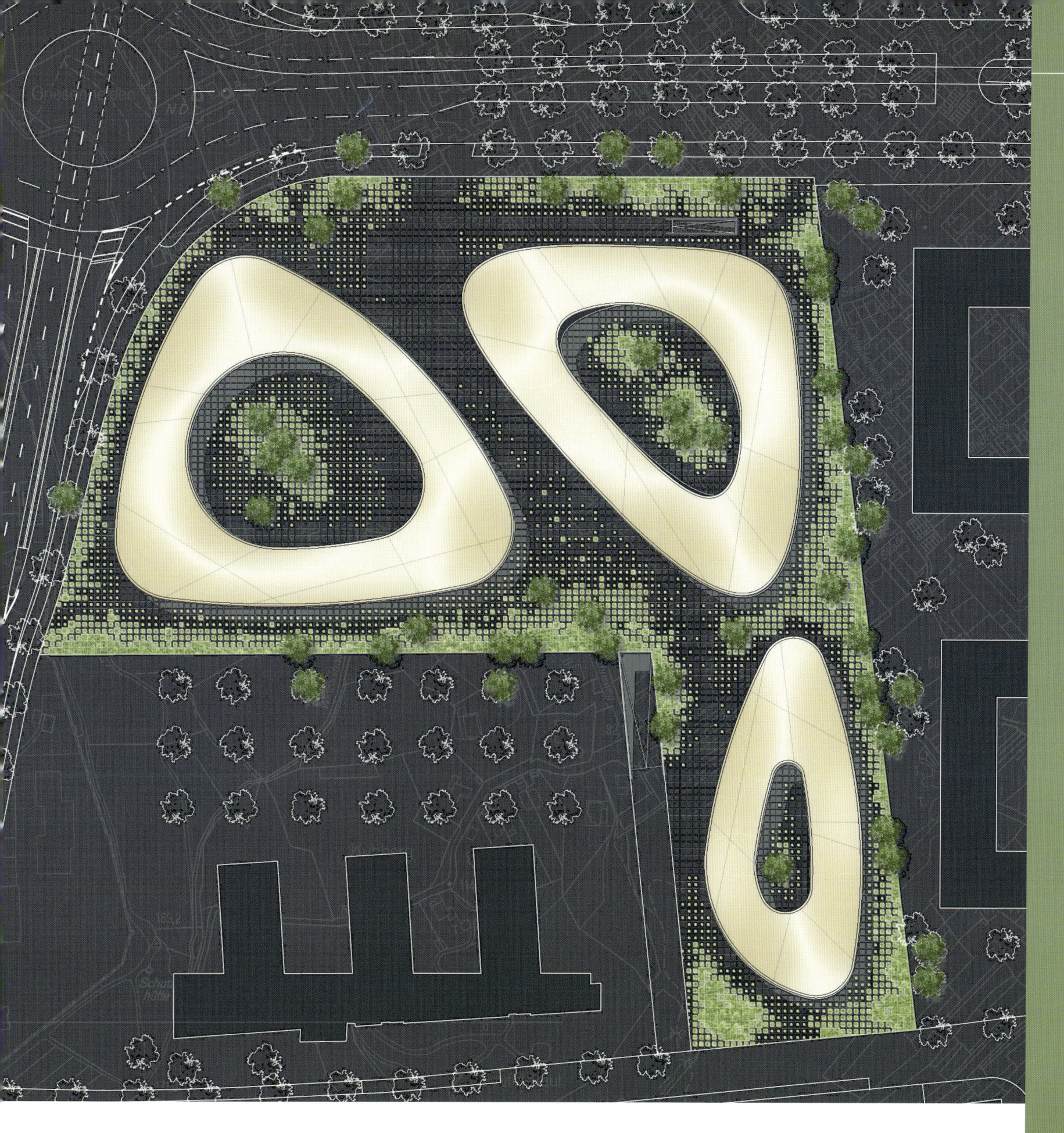

54 — 2013
IGS Internationale Gartenschau Hamburg

In eine 90 Hektar große baumbestandene Landschaft werden offene Parkkonzentrate in Form klar begrenzter Passagen mit intensiven Nutzungsmodulen eingelegt.

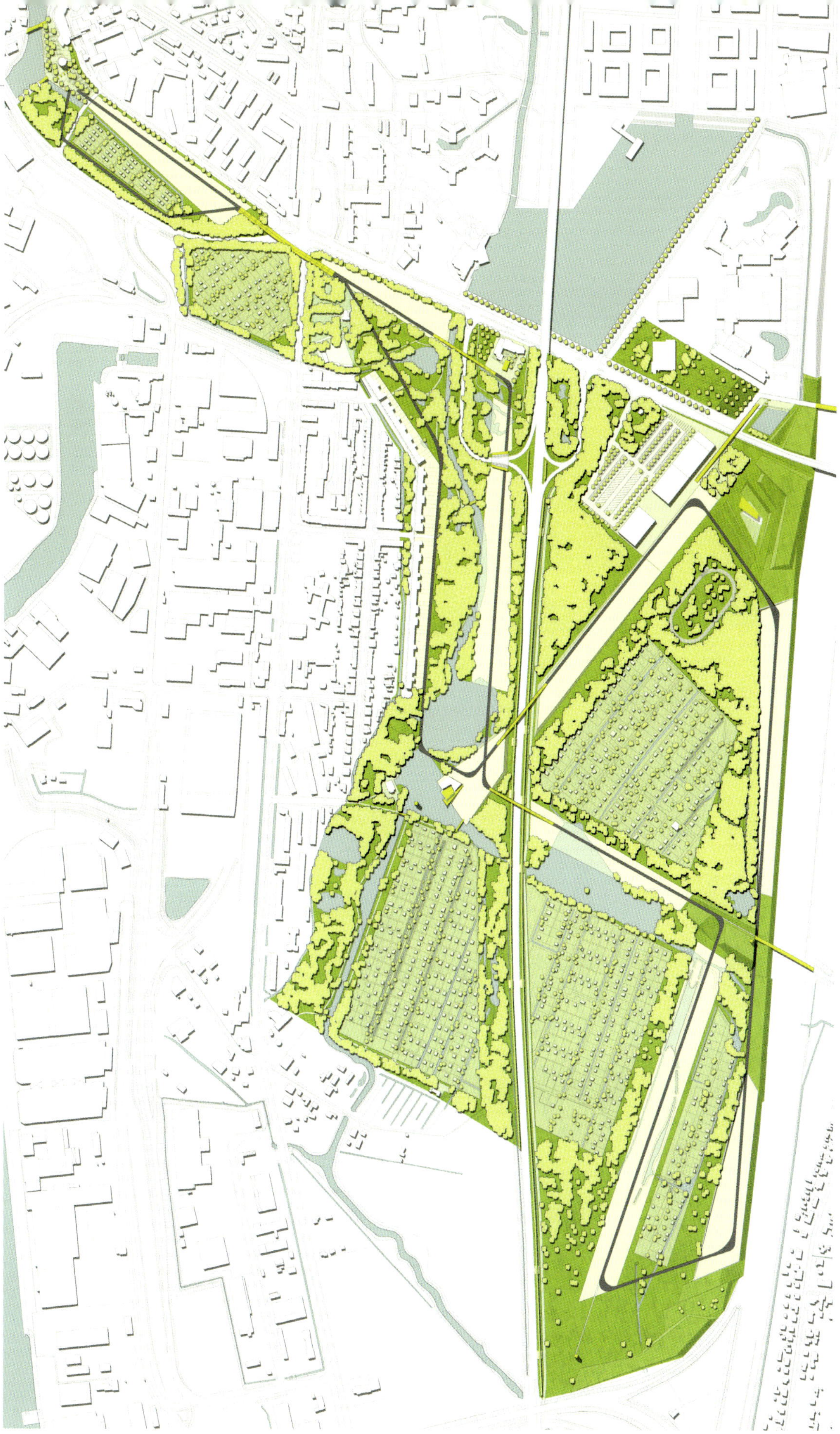

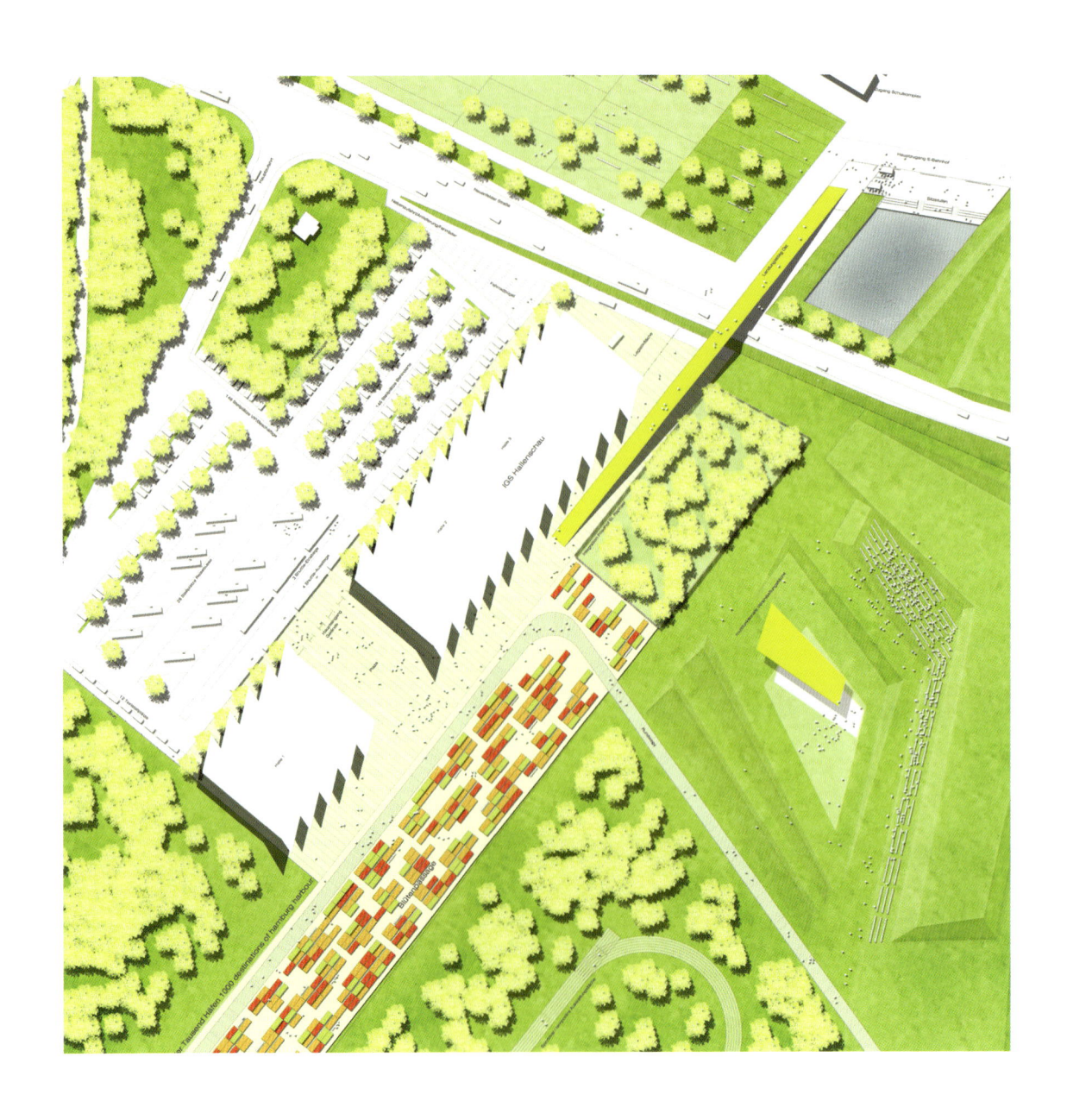

IGS Internationale Gartenschau Hamburg

169 5X11

IGS Internationale Gartenschau Hamburg

171 5X11

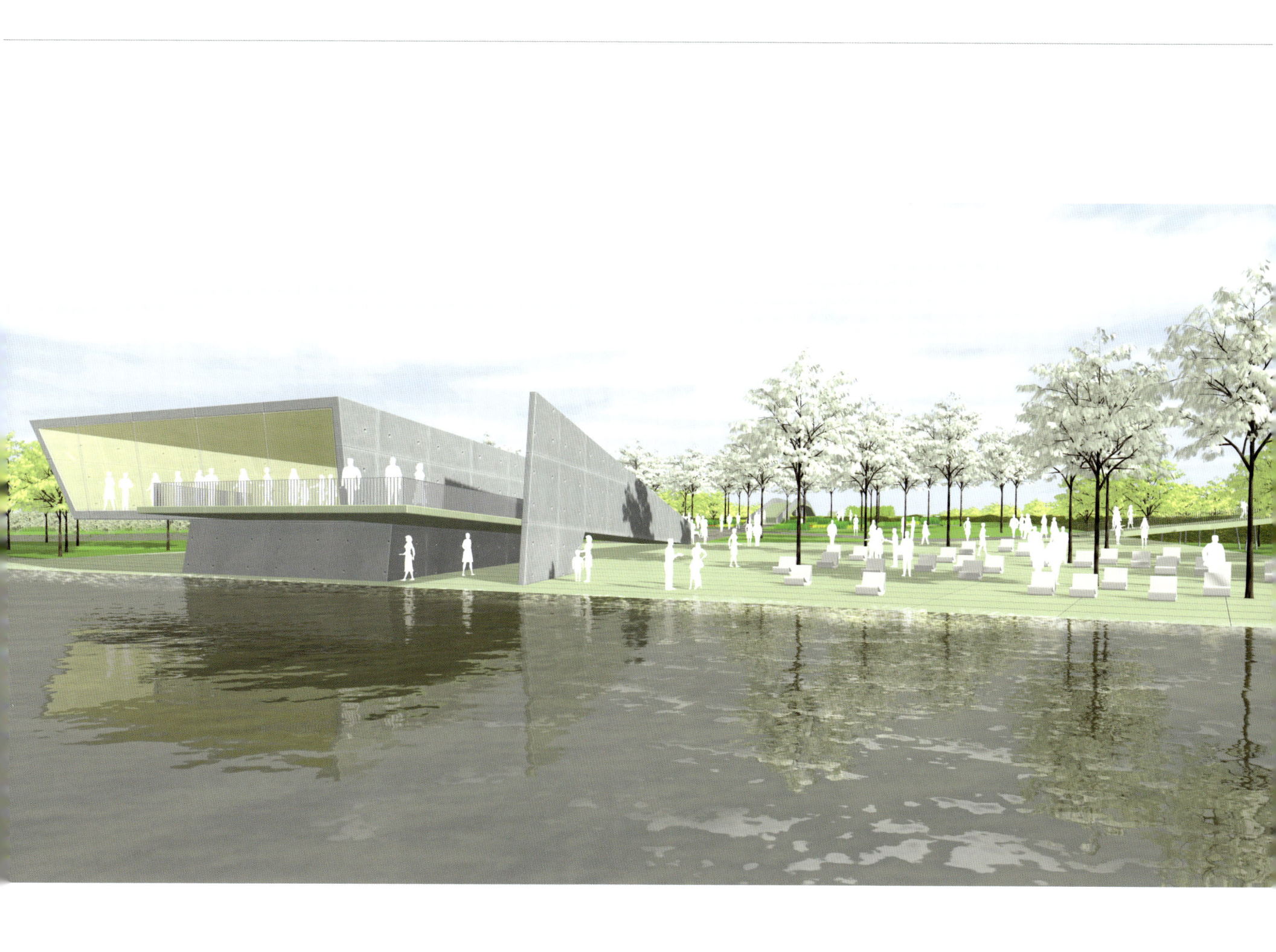

2006-

173 5X11

1951-2006

5X11 Projekte

	Nr.	Projekt	Jahr	Bauherr	Architekt / Planungsgruppe	Größe
1X11	1	Garten im Grugapark, Essen	1951	Stadt Essen		
	2	Garten Sandmann, Bonn	1951	Horst Sandmann	H. Schmitz	
	3	Wohnsiedlung Lotharstraße, Bonn	1952	Frankfurter Siedlungs-Ges.m.b.H.	O. von Estorff, H. Schüssler	
	4	Wohnsiedlung Reuterstraße, Bonn	1954	Stadt Bonn	M. Taut, Berlin	ca. 9 ha
	5	Wohnsiedlung Kreuzbergweg, Bonn	1952-1956	Wohnbau GmbH	E. Mahs, Bonn	
	6	Wohnsiedlung Finkenhof, Bonn	1958	Deutsche Bau- und Grundstücks-AG, Bonn	Prof. K. Selg, Bonn/Karlsruhe	
	7	Till-Eulenspiegel-Schule, Bonn	1957-1959	Stadt Bonn	E. van Dorp, Bonn	
	8	Pädagogische Hochschule, Bonn	1960	Land NRW	E. Zeschke, A. Toussaint	
	9	Elly-Heuss-Knapp-Gymnasium, Bonn	1959	Stadt Bonn	E. van Dorp, Bonn	
	10	Juridicum, Bonn	1967	Universität Bonn und Land NRW	Staatshochbauamt für die Universität, A. Wernicke, H. Heinemann, W. Himmel, H. Balzer, H. Braun	
	11	Universitäts- und Landesbibliothek, Bonn	1962	Land NRW (Staatshochbauamt), Universität Bonn Heinrich Braun	F. Bornemann, Berlin, P. Vago, Paris	
2X11	12	Wohn- und Bürohaus Raderschall, Bonn	1959	Heinrich Raderschall	E. van Dorp, Bonn	800 m²
	13	Palais Beauharnais, Paris	1966	Bundesbaudirektion	G. Boffrand und Bundesbaudirektion (H. Hahn, K.D. Dorn, H.J. Klein)	3.736 m²
	14	Residenz des Deutschen Botschafters, Brüssel	1967	Bundesbaudirektion	R. Krüger (Bundesbaudirektion)	6.746 m²
	15	Königlich Niederländische Botschaft, Bonn	1962-1964	Königlich Niederländische Regierung, Den Haag	E. van Dorp, Bonn	
	16	Frankenbad, Bonn	1960-1963	Stadt Bonn	H. Spoelgen, Bonn	
	17	Universitätssportanlage Melbtal, Bonn	1960-1963	Universität Bonn, Staatshochbauamt	A. Wernicke, H. Heinemann, H. Pitsch, H. Munkes	14,5 ha
	18	Beethovenhalle, Bonn	1959	Stadt Bonn	S. Wolske, Hamburg	
	19	Rheinufer, Bonn	1986-1989	Stadt Bonn, Landesentwicklungsgesellschaft NRW (LEG)		Länge: ca. 2,5 km
	20	Gartenausstellungen, Europa	1954-1965	Zentralverband für Gartenbau, Bonn		
	21	Deutscher Pavillon, Weltausstellung, Montreal	1967	Bundesbaudirektion	F. Otto, R. Gutbrod	0,8 ha
	22	Internationale Gartenausstellung IGA, Hamburg	1963	Zentralverband für Gartenbau, Bonn	Arch.: Sandtmann + Grundmann, Landschaftsarch.: Plomin + Schulze	
3X11	23	Alexander von Humboldt-Stiftung, Bonn	1975-92	Alexander von Humboldt-Stiftung	T. von Hasselbach + W. Pilhatsch, Bonn	
	24	Friedrich-Ebert-Stiftung, Bonn	1969	Friedrich-Ebert-Stiftung	J. Steinecke, Köln	
	25	Deutsche Siedlungs- und Landesrentenbank, Bonn	1968-1973	DSL-Bank	Architekturbüro Denninger	
	26	Franz-Haniel-Park, Duisburg	1983-1986	Franz Haniel & Cie, Duisburg	Ehrensberger, Hamburg	ca. 1,3 ha
	27	Wohnsiedlung Horchheimer Höhe, Koblenz	1967	Wohnbau GmbH und Stadt Koblenz	AG Grinzoff-Ufer, Koblenz	19,7 ha
	28	Wohnbebauung Heiderhof, Bonn	1965-1980	Wohnbau GmbH Bonn, Blatzheim, Bad Godesberg, Gagfah Essen, Rheinische Heimstätte Köln	F. Wetzel, H. Blatzheim, R. Hogrefe	

Nr.	Projekt	Jahr	Bauherr	Architekt / Planungsgruppe	Größe
29	Hausgärten BUGA, Bonn	1979	Zentralverband für Gartenbau, Bonn		
30	Wohnsiedlung Brüser Berg, Bonn	1980-1989 1992-1993	Deutsche Bau- und Grundstücks-AG, Bonn	Gruppe Hardtberg	Länge: 1000 m
31	St.-Apern-Straße, Köln	1985-1986	Allianz Lebensversicherungs AG, Firmengruppe M. Zimmer, Köln	M. W. Schneider u. Partner, Köln	
32	Kurfürstenallee, Bad Godesberg	1967	Stadt Bad Godesberg		
33	Stadtpark, Bad Godesberg	1969-1970	Stadt Bad Godesberg		
34	Hofgarten, Bonn	1962-1967	Universität Bonn, Stadt Bonn und Land Nordrhein-Westfalen		
35	Römerbad, Bonn	1976	Stadt Bonn		
36	Freizeitpark, Rheinbach	1973-1978	Stadt Rheinbach		19 ha
37	Kurgarten Wallgraben, Bad Münstereifel	1973-1979	Stadt Bad Münstereifel	Planungsgruppe Hardtberg	ca. 35 ha
38	Waldfriedhof Heiderhof, Bonn	1979-1982	Stadt Bonn		ca. 23 ha
39	Kreishaus, Siegburg	1975-1982	Rhein-Sieg-Kreis	E. van Dorp, K. Schmidt, Bonn	ca. 1,8 ha
40	Staatskanzlei, Potsdam	1992-2003	Land Brandenburg	B + C Lambart, Ratingen	ca. 6,7 ha
41	Grüne Infrastruktur, Hoyerswerda	1994-1997	Stadt Hoyerswerda		
	Sportforum, Hoyerswerda	1992-1997			ca. 16 ha
	Gondelteich, Hoyerswerda	1998-2001			ca. 10 ha
42	Westfälische Klinik, Hemer	1978-1981	LWL Landschaftsverband Westfalen Lippe	J. Lengelsen, R. Uhlmann, V. Weckwert, H. Grosser, B. Lambart	
43	Städtisches Klinikum, Brandenburg	1998-2005, ab 2005	Städtisches Klinikum Brandenburg GmbH	Heinle, Wischer und Partner	
44	Großkläranlage Salierweg, Bonn	1980-1985 seit 1995	Stadt Bonn	T. von Hasselbach, W. Pilhatsch, Bonn Erw.: A. Strassberger, E. O. Grossheim	7 ha
45	Dycker Feld, Jüchen	2000-2002	Kreis Neuss, Stiftung Schloss Dyck		30 ha
46	Gärten in Dyck, Jüchen	2001-2002	Kreis Neuss, Stiftung Schloss Dyck		
47	Platz der Vereinten Nationen, Bonn	2003-2005	LEG Stadtentwicklung, Bonn		10 ha
48	Zentrale T-Mobile 2, Bonn	2002-2004	C. R. Montag Grundstücksverw. KG	Prof. P. Schmitz, Köln	45 ha
49	Kindertagesstätte T-Mobile, Bonn	2003	T-Mobile	Prof. P. Schmitz, Köln	0,21 ha
50	Johann-Gottfried-Herder-Gymnasium, Köln	2001-2006	Stadt Köln		5.800 m²
51	Freiraumplanerischer und städtebaulicher Wettbewerb Masterplan „emscher:zukunft": Die Umgestaltung der Emscher zwischen Dortmund und Dinslaken	2003	Emschergenossenschaft, Essen	Planergemeinschaft ARGE F mit ASTOC GmbH & Co.KG Architects & Planners, Landschaft Planen&Bauen, Post & Welters Architekten und Stadtplaner	Länge: 60 km
52	Wettbewerb „Kooperativer Entwurfsprozess Innenstadtentwicklung Remscheid"	2005	Stadt Remscheid	HJP Planer, Aachen + Brilon Bondzio Weiser - Ingenieurgesellschaft, Bochum	
53	Wettbewerb „Trajektknoten, Bonn"	2006	IVG-Objekt Museumsmeile Bonn	J.S.K. Architekten, Düsseldorf	ca. 22 ha
54	IGS 2013, Hamburg	2013	Freie und Hansestadt Hamburg		110 ha
55	...				

1951-2006

Die Inhaber

Heinrich Raderschall

1916	Heinrich Raderschall wird am 18. März geboren
1932-1934	Gärtnerlehre
ab 1934	Gärtnergehilfe in verschiedenen Baumschulen
1941-1945	Studium zum Diplom-Ingenieur an der Lehr- und Forschungsanstalt für Gartenbau in Berlin-Dahlem sowie im Anschluss daran Teilzeitstudium in den Fächern Botanik, Wasserbiologie und Geologie an der Universität Münster
1945-1946	Bauschüler in Hamburg
1946-1948	Architekturstudium an der Baufachschule Hamburg zum Bau. Ing. grad.
1948	Gründungsmitglied beim Wiedererstehen des Bundes Deutscher Gartenarchitekten nach dem 2. Weltkrieg
1948-1951	Grünplaner im Garten- und Stadtplanungsamt Bonn
1951	Niederlassung als „Freier Garten- und Landschaftsarchitekt" in Bonn
1968	Gründung der gleichberechtigten Büropartnerschaft RMP Landschaftsarchitekten
1996	Austritt aus dem Büro RMP Landschaftsarchitekten zum 80. Geburtstag
2006	Heinrich Raderschall feiert am 18. März seinen 90. Geburtstag

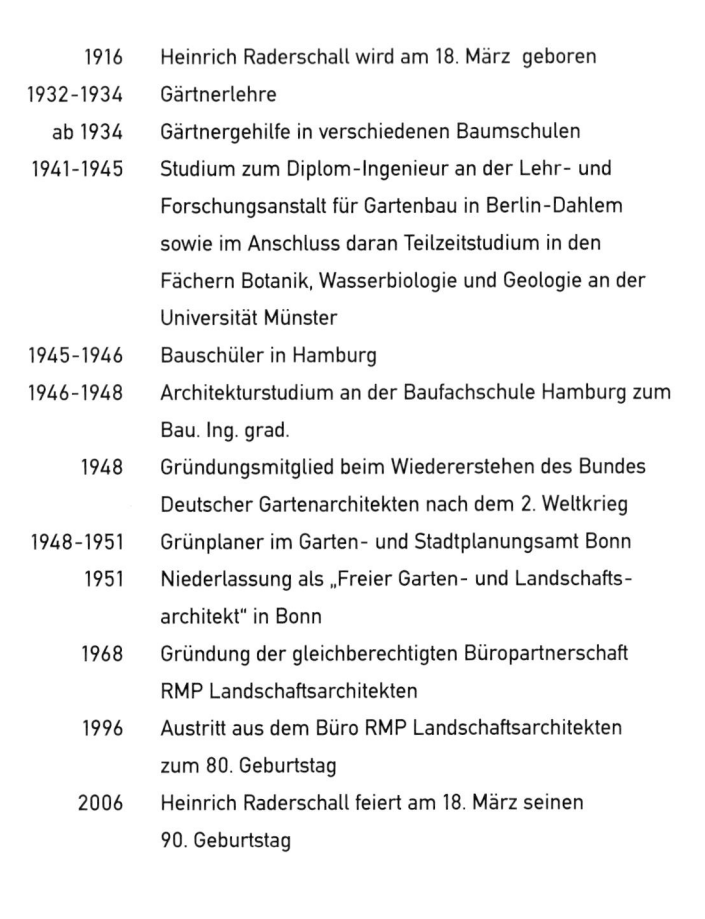

Carl Möhrer

1931	Carl Möhrer wird am 17. Februar geboren
1947-1950	Gärtnerlehre und Meisterprüfung in der Gärtnerischen Lehr- und Versuchsanstalt in Bonn-Friesdorf
1953	Meisterprüfung, diente als Studienzulassung
1954-1956	Studium an der Lehr- und Forschungsanstalt für Gartenbau in Berlin-Dahlem mit Abschluss zum Diplom-Ingenieur
1956	Eintritt in das Planungsbüro Heinrich Raderschall
1968	Partnerschaft mit Heinrich Raderschall und Friedrich-Wilhelm Peters
1971	Beitritt in den Bund Deutscher Landschaftsarchitekten (bdla)
1978	Ehrenamtliches Mitglied der Landesarbeitsgemeinschaft Gartenbau und Landespflege Nordrhein-Westfalen GmbH, ehrenamtliches Mitglied im Verwaltungsrat der LAGL-NW
1979-1987	Mitglied in der Vertreterversammlung der Architektenkammer Nordrhein-Westfalen
1979-1983	Vorsitzender der bdla-Landesgruppe Nordrhein-Westfalen
ab 1983	Beauftragter für Landesgartenschauen im bdla, Landesgruppe Nordrhein-Westfalen
1983-1988	bdla-Schatzmeister auf Bundesebene
2003	Ende des Jahres scheidet Carl Möhrer aus dem Büro RMP Landschaftsarchitekten aus
2004	Carl Möhrer stirbt am 13. November

Friedrich-Wilhelm Peters

1934	Friedrich-Wilhelm Peters wird am 11. Februar geboren
1948-1950	Gärtnerlehre
1956-1958	Studium an der Lehr- und Forschungsanstalt für Gartenbau in Berlin-Dahlem mit Abschluss zum Diplom-Ingenieur
1958	Eintritt in das Planungsbüro Heinrich Raderschall mit dem Schwerpunkt Planung und Entwurf/Wettbewerbe
1968	Partnerschaft mit Heinrich Raderschall und Carl Möhrer
1978-1995	Mitglied im Beirat des bdla
1980-1992	Mitglied im Wettbewerbsausschuss der Architektenkammer Nordrhein-Westfalen
2003	Ende des Jahres scheidet Friedrich-Wilhelm Peters aus dem Büro RMP Landschaftsarchitekten aus

Stephan Lenzen

1967	Stephan Lenzen wird am 19. Januar geboren
1987-1990	Ausbildung zum Gärtner sowie Gesellentätigkeit im Garten- und Landschaftsbau in Düren
1990-1991	Gärtnergeselle in Varese, Italien
1991-1992	Gärtnergeselle in Alencon, Frankreich
1992-1994	Ausbildung zum staatl. geprüften Techniker im Garten- und Landschaftsbau und Sportstättenbau
1992-1995	Studium der Wirtschaftswissenschaften an der Fernuniversität Hagen
1993-1997	Studium an der GHS Essen
1997	Diplom Landschaftsarchitektur an der GHS Essen
1995-1999	Mitarbeiter im Büro GOEP
1997-1999	Architekturstudium an der Fachhochschule Köln
1999	Mitarbeiter im Büro RMP Landschaftarchitekten
2001	Partner im Büro RMP Landschaftarchitekten
2004	Inhaber RMP Stephan Lenzen Landschaftsarchitekten

1951-2006

Zeittafel

1951	Garten im Grugapark Essen
1951	Garten Sandmann, Bonn
1.7.1951	Heinrich Raderschall lässt sich als „Freier Garten- und Landschaftsarchitekt" in Bonn nieder, das Wohnzimmer wird als Büro eingerichtet
1952	Aufstellung einer weiträumigen Bürobaracke im Garten der Wohnung im Rheinweg, Einstellung erster Mitarbeiter
	Wohnsiedlung Lotharstraße, Bonn
1952-1956	Wohnsiedlung Kreuzbergweg, Bonn
1953	Gartenausstellung, Mailand
1954	Wohnsiedlung Reuterstraße, Bonn
1955	Gartenausstellung, Gent
	Wohnsiedlung Eichendorff-Straße, Wiesbaden
1956	Erweiterung des Büros und Umzug in die Drachenfelsstraße, Carl Möhrer beginnt seine Mitarbeit im Büro Raderschall
	Gartenausstellung, London
1956-1960	Wohnsiedlung Wasserwiese, Mittenwald
1957-1959	Till-Eulenspiegel-Schule, Bonn
1957	Erwerb einer Parzelle in der Langenbachstraße für das künftige Wohn- und Bürogebäude Raderschall, Gebäudeplanung: Ernst van Dorp
	Bundesgartenschau, Köln und Gartenausstellung, Nantes
1957-1962	„Städtische Bildungsanstalt für Frauenberufe", heute Robert-Wetzlar-Berufskolleg, Bonn
1958	Umzug in das Wohn- und Bürohaus in der Langenbachstraße, Friedrich-Wilhelm Peters beginnt seine Mitarbeit im Büro Raderschall
	Wohnsiedlung Finkenhof, Bonn
	1. Preis im Wettbewerb „Universitätssportanlage Melbtal"
	2. Preis im Realisierungswettbewerb „Internationale Gartenausstellung Hamburg 1963" mit 60 internationalen Teilnehmern
1958-1963	Planungsphase IGA 1963 in enger Zusammenarbeit mit den beauftragten Planern Plomin, Schulze und Raderschall. Beteiligt waren ebenfalls Horst Sandtmann und Frei Otto
1959	Beethovenhalle, Bonn
	Elly-Heuss-Knapp-Gymnasium, Bonn
	Gartenausstellung, Turin
1960	Pädagogische Hochschule, Bonn
	Gartenausstellung, Gent
1960-1963	Frankenbad, Bonn
	Universitätssportanlage Melbtal, Bonn
1962	Universitätsbibliothek, Bonn
1962-1964	Königlich Niederländische Botschaft, Bonn
1962-1967	Hofgarten, Bonn
1963	Internationale Gartenausstellung IGA, Hamburg
1965	Gartenausstellung, Gent
	Sommer: Heinrich Raderschall wird gebeten, die Außenanlagen des Deutschen Pavillons zur Weltausstellung 1967 in Montreal zu planen
	Herbst: Erster Besuch der Baustelle, Abstimmung mit dem Vertreter der Bundesbaudirektion
1965-1966	Gästehaus Alexander von Humboldt-Stiftung, Bonn
1965-1980	Wohnsiedlung Heiderhof, Bonn
1966	Palais Beauharnais, Paris

1967	Das Büro Raderschall beschäftigt zwischen 12 und 18 Mitarbeiter
	Wohnsiedlung Horchheimer Höhe, Koblenz
	Juridicum, Bonn
	Residenz des Deutschen Botschafters, Brüssel
	Deutscher Pavillon, Weltausstellung, Montreal
	Kurfürstenallee, Bad Godesberg
1968	Heinrich Raderschall bietet seinen Mitarbeitern Carl Möhrer und Friedrich-Wilhelm Peters eine Partnerschaft zur Probe auf 3 Jahre an
1968-1973	Deutsche Siedlungs- und Landesrentenbank, Bonn
1968-1982	Wohnsiedlung Karthause, Koblenz
1969	Friedrich-Ebert-Stiftung, Bonn
1969-1970	Stadtpark, Bad Godesberg
1970-1978	Hauptverwaltung Deutscher Herold Versicherungs-AG mit Hotel Bristol und Bonnfinanz, Bonn
1971	Die Büropartnerschaft Raderschall – Möhrer – Peters wird dauerhaft vertraglich besiegelt und als „RMP Landschaftsarchitekten" bezeichnet
1972	2. Preis im Wettbewerb „BUGA Bonn"
1973	In Zusammenarbeit mit dem 1. Preisträger Hans-Jakob aus München beginnt die Planungsphase zur BUGA Bonn. Der gemeinsam entwickelte Vorentwurf wird der Stadt Bonn vorgelegt und genehmigt. RMP Landschaftsarchitekten wird die Führung vor Ort übertragen
1973-1978	Freizeitpark, Rheinbach und Schul- und Sportzentrum Meckenheim-Merl
1973-1979	Kurgarten Wallgraben und Fußgängerzone, Bad Münstereifel
1975-1982	Kreishaus, Siegburg
1975-1992	Alexander von Humboldt-Stiftung, Bonn
Mitte 70er	Das Büro RMP Landschaftsarchitekten beschäftigt 10 Diplom-Ingenieure und 5 bis 7 weitere Mitarbeiter
1976	Römerbad, Bonn
1976-1978	Stadtsanierung, Hemer
1976-1981	Stadtsanierung, Grünplanung, Verkehrsberuhigung, Meckenheim
1977-82/85	Fernuniversität, Fachhochschule, Hagen, 1. BA
1978-1981	Westfälische Klinik, Hemer
1979	Hausgärten BUGA, Bonn
1979-1982	Waldfriedhof Heiderhof, Bonn
1980-82/85	Großkläranlage Salierweg, Bonn
1980-1981	Hauptverwaltung AOK, Bad Godesberg
1980-1993	Wohnsiedlung Brüser Berg, Bonn
1981	Auszeichnung des Projektes Bad Münstereifel mit dem „bdla-Preis"
1981-1992	Altstadtsanierung, Bad Godesberg
1983-1986	Franz-Haniel-Park, Duisburg
1984	Auszeichnung des Projektes Bad Münstereifel mit dem „BSVI-Preis"
1985-88	Erweiterung der HNO-Klinik, Bonn
1986-1988	Wohnbebauung Tannenbusch, Bonn
1986-1989	Rheinufer Innenstadt, Bonn
1989	Andrea Stielow (geb. Loerke) beginnt ihre Mitarbeit bei RMP Landschaftsarchitekten
1989-1997	Grünzug Bonn-Nord

Zeittafel

1990	Historische Stadtvilla Zanders AG, Bergisch-Gladbach
1990-1993	Detecon II, Bonn
1992	RMP Landschaftsarchitekten eröffnet eine Dependance in Hoyerswerda, Sachsen
1992-2001	Kompaktsanierung Stadt Hoyerswerda mit Wohnumfeldverbesserung, Schulen und Sportanlagen, Spielplätze, Familienbad mit Gondelteich
1992-2002	Neubau Fachbereich Elektronik einschließlich Gewässerökologie für das Gesamtgrundstück Fernuniversität, Hagen
1992-2003	Staatskanzlei, Potsdam
1993	Andrea Stielow (geb. Loerke) tritt der Partnerschaft RMP Landschaftsarchitekten bei
1994-1996	TGZ/Technologie- und Gründerzentrum an der Fernuniversität, Hagen
1996-2001	1. Bauabschnitt Klinikum, Senftenberg
1996	Mit dem 80. Geburtstag scheidet Heinrich Raderschall offiziell aus der Büropartnerschaft aus, steht dem Büro jedoch weiterhin beratend zur Seite
1998	Andrea Stielow (geb. Loerke) tritt aus der Partnerschaft RMP Landschaftsarchitekten aus und verlässt aus privaten Gründen das Büro
1997-2001	Sportzentrum, Eschweiler
1997-2004	Regelversorgungskrankenhaus Prignitz, Perleberg
ab 1998	Städtisches Klinikum, Brandenburg
1999	Stephan Lenzen beginnt seine Mitarbeit im Büro RMP Landschaftsarchitekten
2000	1. Preis im Realisierungswettbewerb zur „Dezentralen Landesgartenschau 2002 im Rahmen der Euroga 2002plus", Zentrum für Gartenkunst und Landschaftskultur Schloss Dyck
2000-2002	Landesgartenschau Dyck, Jüchen
2001	Stephan Lenzen wird in die Partnerschaft des Büros RMP Landschaftsarchitekten aufgenommen
2001-2004	Zentrale T-Mobile, Bonn
2003	Kindertagesstätte T-Mobile, Bonn
2003	1. Preis im freiraumplanerischen und städtebaulichen Wettbewerb „Masterplan ‚emscher:zukunft' – Die Umgestaltung der Emscher zwischen Dortmund und Dinslaken"
2003	1. Preis im Realisierungswettbewerb „Neukonzeptionierung der Ursulinenschule", Bornheim-Hersel
2003	Würdigung des Entwurfs Dycker Feld, „Deutscher Landschaftsarchitekturpreis 2003"
	Nominierung des Entwurfs Dycker Feld, „Europäischer Landschaftsarchitekturpreis 2003"
Ende 2003	Die Seniorpartner Friedrich-Wilhelm Peters und Carl Möhrer scheiden aus der Büropartnerschaft RMP Landschaftsarchitekten aus
2003-2005	Platz der Vereinten Nationen
2003-2006	Horstmann-Haus, Duisburg-Ruhrort
2004	Stephan Lenzen wird alleiniger Inhaber von RMP Landschaftsarchitekten
	„Landschaftsarchitektur-Preis 2004 Nordrhein-Westfalen"
	1. Preis im Ideen- und Realisierungswettbewerb „Neugestaltung Wuppertal-Döppersberg"
	Am 13. November verstirbt Carl Möhrer im Alter von 73 Jahren
2005	1. Preis „Kooperativer Entwurfsprozess Innenstadtentwicklung Remscheid"
	1. Preis im Wettbewerb „Trajektknoten", Bonn
	1. Preis im Realisierungswettbewerb zur „Internationalen Gartenschau 2013 in Hamburg-Wilhelmsburg"
2006	RMP Stephan Lenzen Landschaftsarchitekten beschäftigt 13 Mitarbeiter
	Würdigung des Entwurfs Zentrale T-Mobile, Bonn, „Landschaftsarchitekturpreis 2006 Nordrhein-Westfalen"
8.9.2006	Das Büro feiert sein 55jähriges Bestehen